Ralph J. Butzer
Heinz Kohut zur Einführung

Das Anliegen der Buchreihe Bibliothek der Psychoanalyse besteht darin, ein Forum der Auseinandersetzung zu schaffen, das der Psychoanalyse als Grundlagenwissenschaft, als Human- und Kulturwissenschaft sowie als klinische Theorie und Praxis neue Impulse verleiht. Die verschiedenen Strömungen innerhalb der Psychoanalyse sollen zu Wort kommen, und der kritische Dialog mit den Nachbarwissenschaften soll intensiviert werden. Bislang haben sich folgende Themenschwerpunkte herauskristallisiert: Die Wiederentdeckung lange vergriffener Klassiker der Psychoanalyse – wie beispielsweise der Werke von Otto Fenichel, Karl Abraham, Siegfried Bernfeld, W. R. D. Fairbairn, Sándor Ferenczi und Otto Rank – soll die gemeinsamen Wurzeln der von Zersplitterung bedrohten psychoanalytischen Bewegung stärken. Einen weiteren Baustein psychoanalytischer Identität bildet die Beschäftigung mit dem Werk und der Person Sigmund Freuds und den Diskussionen und Konflikten in der Frühgeschichte der psychoanalytischen Bewegung.

Im Zuge ihrer Etablierung als medizinisch-psychologisches Heilverfahren hat die Psychoanalyse ihre geisteswissenschaftlichen, kulturanalytischen und politischen Bezüge vernachlässigt. Indem der Dialog mit den Nachbarwissenschaften wiederaufgenommen wird, soll das kultur- und gesellschaftskritische Erbe der Psychoanalyse wiederbelebt und weiterentwickelt werden.

Die Psychoanalyse steht in Konkurrenz zu benachbarten Psychotherapieverfahren und der biologisch-naturwissenschaftlichen Psychiatrie. Als das ambitionierteste unter den psychotherapeutischen Verfahren sollte sich die Psychoanalyse der Überprüfung ihrer Verfahrensweisen und ihrer Therapie-Erfolge durch die empirischen Wissenschaften stellen, aber auch eigene Kriterien und Verfahren zur Erfolgskontrolle entwickeln. In diesen Zusammenhang gehört auch die Wiederaufnahme der Diskussion über den besonderen wissenschaftstheoretischen Status der Psychoanalyse.

Hundert Jahre nach ihrer Schöpfung durch Sigmund Freud sieht sich die Psychoanalyse vor neue Herausforderungen gestellt, die sie nur bewältigen kann, wenn sie sich auf ihr kritisches Potenzial besinnt.

Bibliothek der Psychoanalyse

Herausgegeben von Hans-Jürgen Wirth

Ralph J. Butzer

Heinz Kohut zur Einführung

Psychosozial-Verlag

Bibliografische Information der Deutschen Nationalbibliothek
Die Deutsche Nationalbibliothek verzeichnet diese Publikation in der Deutschen Nationalbibliografie; detaillierte bibliografische Daten sind im Internet über http://dnb.d-nb.de abrufbar.

Unveränderte Neuauflage der 1. Auflage von 1997 (Hamburg, Junius)

Walltorstr. 10, D-35390 Gießen
Fon: 06 41 - 96 99 78 - 18; Fax: 06 41 - 96 99 78 - 19
E-Mail: info@psychosozial-verlag.de
www.psychosozial-verlag.de

Umschlagabbildung: Heinz Kohut, privat
Umschlaggestaltung nach Entwürfen von Hanspeter Ludwig, Wetzlar
www.imaginary-world.de
ISBN 978-3-8379-2610-1

Inhalt

Anhang

Einleitung

»Wir sollten unseren Ehrgeiz nicht verleugnen
noch unseren Wunsch, zu dominieren
und zu brillieren, noch unsere Sehnsucht,
mit omnipotenten Figuren zu verschmelzen.
Statt dessen sollten wir lernen,
die Berechtigung unserer narzißtischen
Bedürfnisse anzuerkennen, wie wir gelernt
haben, die Legitimität unserer
objektgerichteten Triebstrebungen
anzuerkennen. Nur auf diese Weise werden wir
die Fähigkeit erwerben [...], archaische
Grandiosität und Exhibitionismus in
realistische Selbstachtung und ein maßvolles,
doch freudiges Selbstgefühl umzuformen.«
Heinz Kohut, Überlegungen zum Narzißmus
und zur narzißtischen Wut, 1971, in: ZdP 210

An einem Samstag im Oktober 1981 berichtet die *New York Times* über Heinz Kohuts Tod unter der Überschrift: »Heinz Kohut, dessen Theorie der Freuds widersprach, tot mit 68.« [1] Der Autor des Artikels, Paul L. Montgomery, stellt Kohuts psychologischen Ansatz dem Sigmund Freuds kurzgefaßt und in sehr verdichteter Form in folgendem Satz gegenüber: »Seine [Kohuts] zentrale Idee, im Kontrast zum orthodoxen freudianischen Vertrauen auf Sex und Aggression als den Triebkräften des emotionalen Lebens, war, daß elterliches Versagen bei der Unterstützung des kindlichen Selbstgefühls zu späteren Persönlichkeitsstörungen führe.« [2]

Tatsächlich hat Kohut im letzten Jahrzehnt vor seinem Tod, in den siebziger Jahren, eine Entwicklung im Hinblick auf Fragen psychoanalytischer Theorieperspektiven initiiert, die dazu führen sollte, ihn von seiten der psychoanalytischen Orthodoxie in Frage zu stellen und ihn gar als Persona non grata zu behandeln. Er selbst drückte diese Entwicklung – nicht ohne Bitterkeit – einmal so aus: »Ich war Mr. Psychoanalyse, in jedem Saal, den ich betrat, begegneten mir lächelnde Gesichter. Jetzt schaut jeder weg. Ich habe für Unruhe gesorgt.«[3]

Bevor wir versuchen werden, die Gründe für diese Ablehnung, vielmehr jedoch die Gründe für Kohuts Etablierung einer »Selbstpsychologie« anzuschauen, möchte ich einen kurzen Überblick über Heinz Kohuts Leben geben.[4]

Heinz Kohuts Leben begann am 3. Mai 1913 in Wien. Sein Vater, Felix, war im Papier-Geschäft (Fa. Bellak & Kohut) und außerdem ein vollendeter Amateurpianist. Kohuts Mutter, Else, geborene Lampl, war ebenfalls musikalisch und hatte eine schöne Gesangsstimme, so daß es nicht wundert, daß die Musik eine wichtige Rolle in seinem Leben spielte. Heinz erhielt Klavierunterricht und entwickelte einen ausgesuchten Musikgeschmack, der von der deutschen Klassik bis zum amerikanischen Jazz eines Louis Armstrong reichte. Dieser Einfluß der Musik zeigt sich interessanterweise auch darin, daß seine erste Veröffentlichung (gemeinsam mit Siegmund Löwenherz, der seinen Namen später in Amerika in Levarie änderte) das Thema des Musikgenusses (SfS 1 135 ff.; IEP 195 ff.) behandelte.

Die frühen Jahre des kleinen Heinz sind vermutlich von Kohut selbst beschrieben worden, und zwar in der Krankengeschichte des Herrn Z.; einige Autoren nehmen an, daß sie ein verstecktes autobiographisches Fragment darstellt, also daß Kohut selbst dieser Herr Z. ist.[5] (Vgl. HdS 172-229)

Im Juni 1932 geht er mit dem Abitur vom Döblinger Gymnasium ab, wo er eine klassische Ausbildung (»acht Jahre Latein und sechs Jahre Griechisch«[6]) erhalten hatte.

Im November 1937 stirbt sein Vater an Leukämie, was Kohut, mittlerweile 24 Jahre alt, sehr trifft. In der Zwischenzeit hat sich Kohut in den Kaffeehäusern, die die wesentlichen Orte zum Diskutieren und Debattieren waren, zum intellektuellen Wiener entwickelt. Er hat sich in die Welt der Museen, der Musik (er bewunderte Arnold Schönberg, Anton von Webern und Alban Berg), Literatur (hier waren seine bevorzugten Autoren Thomas Mann, Robert Musil, Eugene O'Neill, Franz Kafka, Ezra Pound und James Joyce) und der Werke von Kant, Nietzsche und Schopenhauer begeben und untersuchte diese Welt mit seinem Freund Siegmund Löwenherz, den er seit 1924 kannte.

Nach dem Abitur studierte er Medizin, war ein Jahr in Paris in verschiedenen Hospitälern und hatte seine eigene Analyse bei August Aichhorn, einem durch seine Arbeit mit verwahrlosten und straffälligen Kindern bekannt gewordenen Wiener Analytiker[7], begonnen. Ein Jahr, bevor die Deutschen Österreich annektierten, erhielt Kohut im November 1938 seinen medizinischen Doktorgrad. Da die Kohuts zwar nicht religiös (so beachteten sie den Sabbat überhaupt nicht), jedoch Mitglieder der Israelitischen Kultusgemeinde Wiens waren, konnte Heinz Kohut nicht in Österreich bleiben.

Zu dieser Zeit mußte auch Sigmund Freud Wien verlassen. Dies sollte das einzige Mal sein, daß Kohut Freud persönlich sah: Aichhorn hatte ihm einen Hinweis gegeben, so daß er sich auf den Weg zum Bahnhof machte, um Freuds Abreise ins Exil mitzuerleben.

»An einem Frühlingstag im Jahre 1938, als der [...] Nazismus Europa überschattete, hielt ein junger Mann von 25 Jahren gespannt auf dem Wiener Westbahnhof Ausschau nach dem großen Denker, der gerade dabei war, Österreich gezwungenermaßen zu verlassen. Endlich fand er ihn. Sigmund Freud, der greise, weißbärtige Weise, saß allein in einem Eisenbahnabteil und stand im Begriff, seine geliebte Stadt für immer zu verlassen.

Als der Zug sich in Bewegung setzte, tippte der junge Mann an seine Mütze, um seinen Helden zu grüßen. Freud, offenbar überrascht, tippte in Erwiderung an seinen Hut.

Am selben Abend saß der junge Wiener, den Nazis zum Trotz, in seinem Keller am Radio und hörte Berichte über Freuds stürmischen, ehrenvollen Empfang in Paris.«[8]

Kohut konnte sich sicherlich gut in Freud einfühlen, stand ihm doch das gleiche Schicksal ein paar Monate später bevor. Doch hatte er zu diesem Zeitpunkt sein Studium noch nicht abgeschlossen und war gezwungen, innerhalb von vier Wochen acht mündliche Prüfungen zu bestehen, wollte er nicht als jüdischer Student durch Anordnung der Nazis von der Universität verwiesen werden.

Sein Freund Siegmund Löwenherz, der bereits im Juli Wien verlassen hatte und gemeinsam mit Kohuts Onkel Hans Lampl von England und aus der Schweiz operierte, schaffte es, Kohut ein Transitvisum für England zu besorgen. Während also Freud im Juni 1938 Wien verließ, um in England Exil zu finden, floh Kohut ebenfalls nach England (März 1939), um von dort aber im Februar 1940 in die Vereinigten Staaten von Amerika zu segeln. Wie Freud hatte Kohut seine medizinische Laufbahn mit Neurologie begonnen, und wie sein großes Vorbild wechselte er dann zur Psychiatrie auf seinem Weg, Psychoanalytiker zu werden. In Amerika angekommen, ließ sich Kohut in Chicago nieder, wo sein Freund Siegmund Löwenherz inzwischen an der Universität lehrte.

Erst 1957 kehrte Kohut zum ersten Mal wieder zurück nach Wien. In den ganzen Jahren davor hatte er eine sehr ambivalente Haltung zu seiner Heimat; er hatte nahezu alle seine Verwandten in den Konzentrationslagern verloren. In Amerika sprach er kein Deutsch mehr, um möglichst schnell seinem Wunsch, ein Amerikaner zu sein, zu entsprechen. Dennoch behielt er eine starke

Liebe für sein Heimatland. In bezug auf seinen ersten Besuch in Wien meinte er, »mit psychologischem Feuer zu spielen« (CoL 325).

1977 wurde er mit der Mitgliedschaft der Österreichischen Gesellschaft der Wissenschaften geehrt, was ihn sehr freute; mehr noch bedeutete ihm allerdings die im gleichen Jahr erfolgte Ehrung: Er erhielt das Österreichische Ehrenkreuz für Wissenschaft und Kunst.

In den USA begann Kohut mit einer schlechtbezahlten Stelle am kleinen Roseland Hospital in Chicago. Später behauptete er, Englisch hauptsächlich durch die Werke von Lewis Carroll (z.B. *Alice im Wunderland*) gelernt zu haben, allerdings hatte er bereits in Wien 1938 und später im Transit Camp 1939 Unterricht.[9]

1945, gegen Ende des Krieges, erhielt Kohut die amerikanische Staatsbürgerschaft. Drei Jahre später wurde die Sozialarbeiterin Betty Meyer seine Frau, die weiterhin als Psychotherapeutin arbeitete. Vor dem Krieg war Betty in Wien gewesen, um sich analysieren zu lassen, und hatte dort auch ein Seminar für Pädagogen bei Aichhorn besucht. Kohut lernte sie jedoch erst in den Vereinigten Staaten kennen.

Im Jahr 1944 verließ Kohut den Bereich der Neurologie und wandte sich dem Gebiet der Psychiatrie zu, auf dem er bereits 1947 Assistenzprofessor wurde und bis 1950 Vorlesungen an der Universität von Chicago hielt.

In den fünfziger Jahren etablierte sich Kohut sehr schnell am Psychoanalytischen Institut und wurde rasch Lehranalytiker, was bedeutete, daß er jetzt Studenten ausbildete, sie in Analyse nehmen konnte und ihre Behandlungen überwachte. Kohut erarbeitete sich in kurzer Zeit den Ruf eines brillanten Lehrers, der psychoanalytische Theorieseminare in einer Art und Weise leitete, daß das hohe Niveau Standards für die nachfolgenden Analytiker setzte. Außerdem war er bekannt dafür, frei zu sprechen, aus dem

Stegreif zu unterrichten und jedes Seminar anders als die vorherigen zu gestalten. Arnold Goldberg schreibt in seinem Nachruf dazu: »Seine Kurse waren auch legendär. Er unterrichtete fünfzehn Jahre lang psychoanalytische Theorie, und die Studenten kamen Jahr für Jahr, denn keine zwei Kurse waren gleich. Er konnte eine Vorlesung aus einem Kommentar oder einer Frage heraus entwickeln. Seine Maxime war, jeden ernst zu nehmen.« [10]

Aber auch auf nationaler Ebene wurde Kohut zu einer Größe: Er gehörte bald zu den Herausgebern des *Journal of the American Psychoanalytic Association* und unterhielt Freundschaften und nahe Beziehungen zu anderen Wiener Flüchtlingen, die über Einfluß verfügten, wie z.B. Kurt Eissler, Heinz Hartmann und Marianne Kris.

Einen Einblick in die Entwicklung seiner Interessen und der psychoanalytischen Arbeit zu dieser Zeit kann ein Schreiben von seiner eigenen Hand geben. In einem Brief aus dem Jahre 1965 schreibt Kohut, daß die Spanne seines Interesses von rein biologischen Ansätzen (er schrieb einige Aufsätze im neuropathologischen Gebiet) bis zu rein psychologisch-interpretierenden (einige Aufsätze zur psychologischen Wirkung von Musik, eine psychoanalytische Untersuchung von Thomas Manns *Tod in Venedig*, eine Arbeit zur Methodologie der sogenannten »angewandten Psychoanalyse«) reiche. Er fährt fort, daß seine Erklärungen in den doch sehr unterschiedlichen Arbeiten zur Musik und zu Thomas Mann etwas Gemeinsames besitzen, indem sie sich sehr stark auf den »psychoökonomischen Faktor« stützen. Mit anderen Worten: Kohut meint entdeckt zu haben, daß es die Intensität einer zu frühzeitigen psychologischen (Über-)Stimulierung ist, die zu künstlerischen »Gegenmaßnahmen« führt. So habe z.B. Thomas Mann, der ironisch entrückte Künstler, als Abwehrmaßnahme gegen die frühe Überstimulierung, die er als Kind in der Rolle des erregten Beobachters der »Urszene« (in der Psychoanalyse dient dieses Wort als Kürzel für die beobachtete oder phantasierte Szene der sexuellen Beziehung zwischen den Eltern) empfand, die künstlerische Distanz eines talentierten Schriftstellers innerhalb seiner reifen psychischen Organisation aufgebaut.

Weiterhin erwähnt er in diesem Brief, daß ihn theoretische Fragen, insbesondere die Methodologie der psychoanalytischen Erklärung betreffend, immer sehr angezogen hätten. Er habe drei Aufsätze in diesem Bereich verfaßt, die seine Schlußfolgerungen am besten ausdrückten: zum einen *Introspektion, Empathie und Psychoanalyse*, zweitens den gemeinsam mit P.F.D. Seitz verfaßten Text *Begriffe und Theorien der Psychoanalyse* und schließlich *Einige Probleme der metapsychologischen Formulierung der Phantasie*.

Schließlich bemerkt er noch, daß er als Präsident der Amerikanischen Psychoanalytischen Vereinigung Gelegenheit hatte, über die Ziele und Ideale der organisierten Psychoanalyse nachzudenken und zu schreiben. (CoL 109 f.)

In diesen Jahren gehörte er zu den Anhängern einer (in der Nachfolge Heinz Hartmanns stehenden) Ichpsychologie, die die Autonomie des Ich unterstrich wie auch zugleich seine Rolle als Vermittler zwischen Innenwelt, den Trieben, und Außenwelt hervorhob. Kritisch eingestellt war Kohut allerdings im Hinblick auf ein nachlässiges Vermischen von biologischen, sozialpsychologischen und psychologischen Konzepten; er argumentierte daher für eine intrinsische Beziehung zwischen Beobachtungsmethode und Theorie.[11]

Im Jahre 1957 hielt Kohut beim Treffen zum 25. Geburtstag des Chicagoer Institutes eine Rede, in der er seinen Standpunkt ausführlich erörterte. Unter dem Titel *Introspektion, Empathie und Psychoanalyse. Zur Beziehung zwischen Beobachtungsmethode und Theorie* (IEP 9-35) legte er die Grundlagen seines Verständnisses von Psychoanalyse dar und schuf somit den Grundstein für den (damals noch kaum wahrnehmbaren) Beginn einer Entwicklung, die schließlich in einer Theorie des »Selbst« kulminieren sollte. Der Vortrag wurde 1959 veröffentlicht und gemischt aufgenommen: Gelobt wurde er für die sorgfältige Klärung der speziell psychoanalytischen Untersuchungsmethode, kritisiert hingegen für die (überflüssige) Offensichtlichkeit der Argumentation. Verkannt wurde dabei, daß Kohut nicht primär die offensichtliche Beziehung zwischen Introspektion und *Praxis* der Psychoanalyse thematisieren wollte, sondern vorschlug, Introspektion und Emphatie als Kriterien für die Bestimmung des wissenschaftlichen Status der Psychoanalyse zu verwenden.

Die sechziger Jahre waren für Kohut dadurch bestimmt, daß er sich zunächst in die nationale Politik der amerikanischen Psychoanalyse einmischte; er wurde Präsident der Chicagoer Psychoanalytischen Gesellschaft (1963 bis 1964) und danach (von Mai 1964 bis Mai 1965) Präsident der mächtigen, hauptsächlich aus Ärzten bestehenden Amerikanischen Psychoanalytischen Vereinigung (APA). In dieser Zeit wurde Kohut »Mr. Psychoanalyse«, der öffentlich die hohen wissenschaftlichen Standards betonte und Psychoanalyse als eine primär biologische Wissenschaft nach außen hin vertrat. Allerdings war er kein Verteidiger des Status quo der amerikanischen Psychoanalyse; in seiner Abschiedsrede als Präsident in New York äußerte er sich unter anderem kritisch zum vernachlässigten Thema der Ausbildung nicht-medizinischer Kandidaten (CoL 98 ff.; SfS 1 395-404) und unterstützte damit eine Position, die die Grenzen der Psychoanalyse erweitern wollte, der jedoch kein Erfolg beschieden war. (Erst 1989 öffneten sich in den USA aufgrund einer Klage die Türen zur uneingeschränkten psychoanalytischen Ausbildung auch den Nicht-Medizinern.)

Neben seinen Einsichten aus der klinischen Arbeit lernte Kohut interessanterweise durch seine Erfahrungen in einer Organisation eine Menge im Hinblick auf inflationierten Stolz und narzißtische Wunden. In einem Brief erwähnt er den dort beobachteten starken und motivierenden Einfluß des Narzißmus auf sozialer Ebene. (CoL 142) In einer Vorlesung brachte er diesen Zusammenhang folgendermaßen zum Ausdruck:

»Mein Interesse daran [an der narzißtischen Seite der Entwicklung: dem Selbstwertgefühl] wurde vor Jahren geweckt, merkwürdigerweise nicht in erster Linie durch klinisches Material. Es entstand zu einer Zeit, als ich kaum Gelegenheit zur klinischen oder theoretischen Arbeit hatte, sondern, man stelle sich vor, bis über die Ohren mit Verwaltungsarbeit eingedeckt war. Wie vielleicht bekannt ist, hatte ich vor ein paar Jahren einige hohe Ämter in psychoanalytischen Organisationen inne. Damals, glaube ich, wurden mir die narzißtischen Probleme erst wirklich bewußt. Zum Beispiel, als bisherige Freunde der Psychoanalyse plötzlich zu Feinden wurden und flammende, geradezu bizarr kämpferische Streitschriften dagegen schrieben. Ich lernte darauf zu achten, was in ihrem Leben passiert war, wenn sie die Psychoanalyse als fundamentalen Irrtum erkannten. Meistens erfuhr man, daß dieser Wendepunkt eintrat, als eine Bewerbung scheiterte, eine Veröffentlichung abgelehnt wurde, der Betreffende nicht Chairman eines Komitees wurde, wie er es sich ausgerechnet hatte, oder sich durch ein anderes dummes Ereignis verletzt fühlte. Das ist keine Seltenheit selbst bei den differenziertesten Menschen, die unweigerlich sehr viel über sich wissen, sich aber über einer narzißtischen Wunde selbst vollkommen aus den Augen verlieren – ich mußte feststellen, daß ich keine Ausnahme von dieser Regel bin.« (AdS 43)

In den sechziger Jahren entwickelte sich zwischen Kohut und Anna Freud eine gute und freundschaftliche Beziehung; ihr Briefkontakt hatte 1963 begonnen, und von da an war sie Gast in Kohuts Haus, wenn sie nach Chicago kam. Außerdem drängte sie ihn, sich als Kandidat für die Präsidentschaft in der Internationalen Psychoanalytischen Vereinigung (IPA) nominieren zu lassen.

Beide teilten eine kritische Sicht auf die Vorherrschaft der Ärzte innerhalb der amerikanischen Psychoanalyse und eine Abneigung gegen das Verwässern der Lehre Freuds. 1978 jedoch distanzierte sich auch Freuds jüngste Tochter von der neuen Theorie ihres einstmals als kreativen Geist geschätzten Freundes; Anna Freud hatte entschieden, daß Kohut »antipsychoanalytisch« geworden wäre.

Ende der sechziger Jahre erhielt Kohut nicht die notwendige Unterstützung für seine Kandidatur zur Präsidentschaft der IPA, was ihn einerseits sehr verletzte, da er sich zurückgestoßen fühlte, andererseits jedoch auch entlastete. Die Übernahme von Aufgaben in einer Organisation hatte er immer als zwiespältig empfunden, da sie mit seinen anderen Interessen, dem Unterrichten, Analysieren und insbesondere dem Schreiben, interferierten.

1969 beendete er sein erstes Buch, das 1971 veröffentlicht wurde: *Narzißmus* (engl. *The Analysis of the Self*). In dieser Zeit unterzog sich Kohut einer Selbstanalyse, um seine Lehranalyse, die er bei Ruth Eissler absolviert hatte, aufzuarbeiten. Zeitgleich war seine Mutter Else erkrankt; sie litt an einem paranoiden Wahn, bekam dann einen Herzinfarkt und starb 1972 im Alter von 82 Jahren. Die psychische Krankheit seiner Mutter reaktivierte in Kohut alte Konflikte, deren Bearbeitung nicht nur in ein besseres Selbstverstehen einmündete, sondern auch in einen theoretischen Durchbruch, wie sein Buch ihn darstellt. Wie schon erwähnt, gilt einigen die von Kohut veröffentlichte Krankengeschichte des Herrn Z. als ein versteckter Bericht über Kohuts eigene zwei Analysen, seine klassisch-orthodox durchgeführte Analyse bei Ruth Eissler und die Selbstanalyse, in der er »begann, einen neuen Bezugsrahmen zu erproben – einen neuen Standpunkt, der mir, um es kurz zu fassen, ermöglichte, Bedeutungen oder die Signifikanz von Bedeutungen zu sehen, die ich zuvor nicht bewußt wahrgenommen hatte« (HdS 172).

Im Herbst 1971 wurde bei Kohut Lymphzellenkrebs diagnostiziert, was einen schweren Schlag für ihn bedeutete: Erneut mußte er sich einschränken, konnte nicht mehr unbefangen Einladungen zu Vorlesungen annehmen oder Seminare geben. Obwohl sich der Krebs wieder zurückbildete, mußte er in seiner letzten Dekade einiges erleiden. 1979 wurde eine komplizierte Bypassoperation am Herzen vorgenommen, die eine lange Zeit der Rekonvaleszenz von ihm forderte. Schließlich erkrankte er 1980 an einer lebensgefährlichen Lungenentzündung.

Für Kohut stellten diese Ereignisse schwere Einschränkungen im Hinblick auf die absolute Priorität der Psychoanalyse dar, für die er seine Arbeitskraft immer voll einsetzte, wie aber auch für seinen eigenen Narzißmus, der ja die Zuwendung und Zustimmung von anderen verlangte. Er war bekannt dafür, daß er gern Geschichten erzählte oder Fähigkeiten und Ideen präsentierte, und galt als ein humorvoller, charmanter und spielerischer Mann, der auch über sich selbst lachen konnte und viel Lebensfreude ausströmte.

Und so hinderten diese Schwierigkeiten ihn nicht daran, in seiner letzten Lebensperiode weiterhin produktiv zu arbeiten; sechs Jahre nach *Narzißmus* veröffentlichte er sein zweites Buch, *Die Heilung des Selbst*, das er »G.« (Kohuts Sohn Tom, dessen zweiter Name zu Ehren Aichhorns August lautet und der – österreichisch – von ihm Gustl genannt wurde) und seiner Generation widmete. In dieser Widmung deutete sich schon an, daß Kohut sich mit der Begrenztheit der eigenen Existenz auseinanderzusetzen hatte, ein Aspekt, den er einmal als Bestandteil von Weisheit als eine Form reifen Narzißmus bezeichnet hatte. (N 367; ZdP 140-172)

In seinen letzten Jahren war Kohut mit Kollegen und Freunden wie Ernest Wolf, Arnold Goldberg, Paul und Marian Tolpin, Paul und Anna Ornstein und Michael Basch daran beteiligt, die

Theorie und Praxis der psychoanalytischen Selbstpsychologie in Chicago institutionell zu verankern. Das Interesse an der Selbstpsychologie weitete sich schnell in Amerika und in der ganzen Welt aus. Verschiedene Werke Kohuts wurden ins Deutsche, Italienische, Spanische, Portugiesische, Schwedische und Japanische übersetzt. In den Vereinigten Staaten werden seit 1978 jährliche Konferenzen mit mehreren hundert Teilnehmern abgehalten. (In Deutschland wurde 1983 das erste Selbstpsychologie-Symposion abgehalten. Kohut, der Ende der sechziger und Anfang der siebziger Jahre häufig Europa aufsuchte, wurde bereits 1974 von Lotte Köhler und der René-Spitz-Gesellschaft nach München eingeladen. Den Initiativen von ihr, Janos Paàl, Peter Kutter und der 1994 verstorbenen Christel Schöttler ist es zu verdanken, daß seit Ende der achtziger Jahre im zweijährigen Turnus Selbstpsychologie-Tagungen in Dreieich bei Frankfurt am Main stattfinden.) Kohuts letzte Konferenz im Oktober 1981 war die vierte in Berkeley, Kalifornien.

Über die Popularität der Selbstpsychologie äußerte er sich knapp vier Monate vor seinem Tod in einem Interview:

»Wir hatten eine sehr interessante Konferenz letzten Oktober in Boston, in sich selbst wirklich interessant. Zwölfhundert Leute versuchten sich anzumelden. Die Polizei erlaubte neunhundert, und wir ließen heimlich 960 ein. Unter ihnen waren etwa sechzig aus Europa. Es gab keinen Kontinent, soweit ich weiß, Neuseeland eingeschlossen, der nicht da war. [...] Die Begeisterung der Menschen, die von Kanada, St. Louis und den südlichen Staaten anreisen, um hier für ein paar Stunden mit anderen Leuten zu debattieren – dieser Art der Hingabe bin ich vorher noch nicht begegnet. Ich selbst habe etwa acht Analysanden, die regelmäßig von Kanada jede Woche oder jede zweite Woche pendeln, nur um von mir für eine oder zwei Stunden supervidiert zu werden; da ist diese Art der Hingabe von Menschen, die mich vorher nicht gekannt haben.« (SPaPM 483 ff.)

Die Diskussionen um die Einschätzung der Selbstpsychologie Kohuts als eines theoretischen Beitrages zum Korpus der verschiedenen psychoanalytischen Theorien, seien es Trieb-, Ich- oder Objektbeziehungstheorien, dauern an. Hatte Anna Freud zwar Kohut als »antipsychoanalytisch« gebrandmarkt, so war er selbst doch keineswegs dieser Auffassung. »Er war überzeugt, daß die Selbstpsychologie eine natürliche Erweiterung der Psychoanalyse war, und er bekämpfte energisch jede Bewegung, die ihn als Dissidenten bezeichnen wollte oder als Gründer einer neuen Schule.« [12]

Ein halbes Jahr vor seinem Tod artikuliert Kohut in einem Brief an Tilman Moser seine innere Haltung zu den Angriffen auf sein Werk: »Argumente jedoch kränken mich nicht. Was mich kränkt, ist, daß frühere Freunde mich nicht mehr grüßen, daß Kollegen, die die Selbstpsychologie ernst nehmen, nicht Lehranalytiker werden können, daß die Arbeiten meiner Freunde nur unter der Bedingung akzeptiert werden (für Veranstaltungen, Zeitschriften), daß sie mich nicht zitieren, etc., etc.« (CoL 426)

Für einen Mann wie Kohut, der sein ganzes Leben lang versucht hatte, andere zu verstehen, und über den sein Freund Goldberg schrieb, daß das Verfolgen eines anderen Innenlebens das Wesen dessen war, was Kohut jemals schrieb oder lehrte, war es schmerzlich und bitter, solche Reaktionen zu erhalten, die ihm nur anzeigten, wie wenig versucht worden war, *ihn* zu verstehen. Besonders kränkend muß es für ihn gewesen sein, daß viele seiner Kritiker die Freunde von früher waren. »Ich verstehe es einfach nicht«, meinte er in dem schon erwähnten Interview:

»Es ist eine Art von Gemeinheit und Verzerrung, so scheint es mir, bei der ich wirklich nicht weiß, was ich damit machen soll. Diese Kritiker sind alle alte Freunde von mir. Jeder einzelne von ihnen ist ein alter Freund von mir. Ich war genau in der Mitte, im Zentrum der Analyse, und ich fühle mich immer noch sehr im Zentrum. Für mich sind die Ideen, die ich niederschreibe, keine abweichenden Ideen; für mich scheinen sie hochgradig analytisch zu sein im Geiste der Beobachtung und Theoriebildung und in der Darstellung der Hypothesen und indem ich Leuten erlaube, in der offensten Weise, die Erfahrung zu wiederholen oder zu versuchen, sie zu wiederholen.« (SPaPM 486)

1. Von der Trieb- zur Selbstpsychologie

Wer heute von Psychoanalyse spricht, meint etwas weniger Eindeutiges als noch zu Freuds Zeiten. Der pauschale Ausdruck »Psychoanalyse«, der zu Beginn des 20. Jahrhunderts recht eindeutig nur auf Freuds Lehre anzuwenden war, bezeichnet heute zumindest verschiedene Linien einer Theoriebildung, die sich von Freuds Methode und Befunden ableiten. Im engeren Sinne können heutzutage vier verschiedene Psychologien innerhalb der psychoanalytischen Theorie und Praxis grob unterschieden werden: eine Psychologie des Triebes, des Ich, der Objektbeziehungen und des Selbst. Jeder dieser Ansätze überlappt sich mit den anderen, hat unterschiedliche Modellvorstellungen von der Psyche entwickelt und kann doch auch im Sinne einer etwas anders akzentuierten Sichtweise die anderen theoretisch befruchten.

Ursprünglich hat Freud versucht, sich den psychischen Apparat mit Hilfe des »topographischen Modells« vorzustellen, das er erstmalig im VII. Kapitel der *Traumdeutung* (1900) darlegte. Er konzipiert dort die Psyche als aus drei verschiedenen Systemen bestehend (das Unbewußte, Vorbewußte und Bewußte), die sich durch verschiedene Inhalte, Abwehrformen und Besetzungsenergien voneinander unterscheiden und miteinander in Konflikt geraten können. Triebtheorie und topographische Theorie gehören zusammen und bilden gemeinsam Freuds damalige Sicht so ab, wie Arlow und Brenner es formulieren: »Freud (1900, 1915b) betrachtete den psychischen Apparat als eine Instanz zur Steuerung und Abfuhr seelischer Energie; die Triebregungen wurden als Quelle dieser Energie erkannt (Freud 1905). Die Triebe, wie der Name schon sagt, treiben oder drängen die Seele zum Handeln. Sie erzeugen das, was Freud seelische Energie nannte [...]. [...] der seelische Apparat [wird] weitgehend unter dem Gesichtspunkt beschrieben, wie er mit der seelischen Energie zu Rande kommt.«[13]

Das topographische Modell entspricht weitgehend Freuds Erfahrungen aus Behandlungen von neurotischen Patienten. So wie der entscheidende Aspekt bei der Bildung eines neurotischen Symptoms davon abhängt, ob die von den Trieben abgeleiteten Wunschregungen dem Bewußtsein zugänglich sind, so sind die einzelnen Systeme in dieser ersten Topik im Hinblick auf die Zugänglichkeit zum Bewußtsein charakterisiert. Der innerseelische Konflikt spielt sich zwischen den Instanzen immer nach einem einfachen Muster ab: Der nicht dem Bewußtsein zugängliche, also unbewußte libidinöse (Trieb-)Wunsch muß verdrängt werden, weil er im Widerspruch zu den moralischen Maßstäben des Patienten steht. Aufgrund dieser Verdrängung ist er als Inhalt des Systems »Ubw« (Unbewußt) in der Lage, eine gewisse Intensität vorausgesetzt, ein neurotisches Symptom zu produzieren. Daraus folgt, daß nur unbewußte Wünsche eine pathogene Wirkung entfalten könnten und die psychoanalytische Therapie das Ziel verfolgte, Unbewußtes bewußt zu machen.

Aufgrund gewisser Begrenztheiten dieses Modells entwickelte Freud in den zwanziger Jahren eine andere metapsychologische Konzeption, die als »zweite Topik« oder »Strukturtheorie« bekannt geworden ist. Diese sollte nun in der Lage sein, gewisse neue, aus der Behandlung stammende Erfahrungen theoretisch besser im Modell zu lokalisieren und ein präziseres Abbild der menschlichen Psyche zu bieten.

In den Arbeiten *Das Ich und das Es* (1923) und *Hemmung, Symptom und Angst* (1926) nimmt Freud nun wieder eine Dreiteilung des psychischen Apparates vor und bezeichnet die Instanzen als Ich, Es und Über-Ich. Zwar behält Freud die Begriffe »bewußt«, »vorbewußt« und »unbewußt« aus der ersten Topik bei, doch lassen sich diese nicht mehr mit den neuen seelischen Provinzen zur Deckung bringen. Damit gibt er das Kriterium der Zugänglichkeit zum Bewußtsein als Grundlage der Unterscheidung verschiedener intrapsychischer Instanzen auf. Abgesehen von den stärkeren Differenzen der psychischen Struktur insgesamt, rückt in der neuen Betrachtungsweise der genetische Aspekt psychischen Geschehens, also eine Entwicklungsgeschichte der Psyche, stärker in den Vordergrund. Nicht nur funktionale Gesichtspunkte bestimmen die Charakterisierung seelischer Bereiche, sondern gerade die genetische Beziehung der Instanzen untereinander gewinnt enorme Bedeutung für die seelische Dynamik und Energetik.

Die Erkenntnismöglichkeiten, die die Strukturtheorie eröffnete, mußten Auswirkungen auf den therapeutischen Prozeß haben, dergestalt, daß die früher (nach der topographischen Theorie) grundlegende Aufgabe in der Analyse, also die Aufdeckung der infantilen, triebhaften Wünsche – die hinter der Pathogenese stehen –, nun nicht mehr ausreichte. Gefordert war mit dieser neuen Betrachtungsweise, daß dem Patienten auch Einblick in seine (unbewußte) Abwehr, seine Forderungen an sich selbst (Ich-Ideal, Über-Ich) und seine grundlegenden Ängste gewährt wird. All dies ist im Rahmen eines Prozesses notwendig, in dessen Mittelpunkt auch eine Stärkung des Ich zu stehen hat, damit dessen synthetische und integrative Aufgaben gefördert werden, so daß dieses in der Lage ist, dem triebhaften Bereich der Persönlichkeit so viel adäquate Befriedigung zu gewähren, daß neurotische Erkrankung und Symptombildung ausbleiben.

Aus der Triebpsychologie wurde nun mehr und mehr eine Ichpsychologie, da die Instanz, die die Wahrnehmung der Realität, die Versöhnung des Lust- mit dem Realitätsprinzip zur Aufgabe hat, den Umgang mit den Triebforderungen zu handhaben hat und die Anpassung und Abwehr dirigiert, plötzlich ins Zentrum psychoanalytischer Aufmerksamkeit gerückt war. 1933 formulierte Freud die Maxime »Wo Es war, soll Ich werden«[14], und seine Tochter Anna veröffentlichte drei Jahre später *Das Ich und die Abwehrmechanismen*. Damit hatte sich die Psychoanalyse neues Gebiet erobert und war nun in der Lage, bestimmten Ichveränderungen, wie sie beispielsweise in Charakterneurosen zu finden sind, Aufmerksamkeit zu schenken. Besondere theoretische Relevanz wurde der Frage der Entwicklungsgeschichte des Ich und seinen Funktionen und Leistungen beigemessen; insbesondere dessen genetische Abhängigkeit vom Es, aus dem heraus es sich ja entwickelt, sollte Aufschluß über spätere Ichentwicklungen geben.

Es ist m.E. auch heute noch wichtig, sich diese verschiedenen Etappen der psychoanalytischen Theorieentwicklung vor Augen zu führen, da nicht nur bedeutsame Weiterentwicklungen aus diesem Zusammenhang heraus besser verstehbar werden, sondern auch, weil verschiedene Mißverständnisse nur über die Klärung der jeweiligen Theorieetappe aufzulösen sind. So sollte im Hinblick auf die beiden Topiken daran gedacht werden, daß z.B. sämtliche Krankengeschichten Freuds, die er publizierte, aus der Zeit vor 1923, also vor der Etablierung der Strukturtheorie, stammen und somit der theoretische Rahmen, in dem Freud sie selbst diskutiert, der der topographischen Theorie ist.

Ein für unser Thema ebenfalls bedeutsamer Sachverhalt ist das Theoriestück des Narzißmus. Da dies Kohuts Hauptthema ist und seine Forschungen ihn über eine nähere Bestimmung der narzißtischen Übertragungen letztlich zu einer allgemeinen Psychologie des Selbst geführt haben, halte ich es für notwendig, Kohuts Ausgangspunkt, also die Freudsche Position in der Bestimmung des Narzißmus, kurz darzustellen.

1913, im Geburtsjahr Kohuts, plant Freud, eine Abhandlung über den Narzißmus zu schreiben; er beendet einen ersten Entwurf in der dritten Septemberwoche desselben Jahres während seiner Ferien in Rom.[15] 1914 erscheint dann *Zur Einführung des Narzißmus*.

Tatsächlich hat Freud den Begriff bereits früher verwendet, so z.B. in seiner Schreber-Analyse (1911) oder in *Totem und Tabu* (1912/13), doch führt er ihn 1914 in systematischer Weise in seine Theorie ein und weist ihm unter anderem einen eigenen metapsychologischen Rang zu.[16] In dieser Schrift vollzieht Freud eine erste grundlegende Revision seiner bis dahin geltenden Ansichten, was auf seine Anhänger zunächst »etwas verwirrend« und speziell auf Ernest Jones »beunruhigend« wirkte[17], obwohl Freud doch bereits 1909 in einer Diskussionsbemerkung wesentliche Punkte seiner Auffassung kundgetan hatte. Das Protokoll dieser Sitzung (Nr. 86 vom 10. November 1909) der Wiener Psychoanalytischen Vereinigung hält als Freuds dort geäußerten Standpunkt folgendes fest:

Der Narzißmus »sei keine vereinzelte Erscheinung, sondern eine notwendige Entwicklungsstufe des Übergangs vom Autoerotismus zur Objektliebe. Die Verliebtheit in die eigene Person (=in die eigenen Genitalien) sei ein notwendiges Entwicklungsstadium. Von da gehe man zu ähnlichen Objekten über. Der Mensch hat allgemein zwei ursprüngliche Sexualobjekte, und sein weiteres Leben hängt davon ab, bei welchem er fixiert bleibt. Diese beiden Sexualobjekte sind für jeden das Weib (die Mutter, die Pflegerin etc.) und die eigene Person. Und es komme darauf an, beide loszuwerden und bei beiden nicht zu lang zu verweilen.«[18]

Mit bemerkenswerter Klarheit stellt Freud hier schon seine entwicklungspsychologische Konzeption des Narzißmus vor: Er insistiert auf der Allgemeingültigkeit einer narzißtischen Phase in der Ontogenese und stellt diese als eine »notwendige Entwicklungsstufe« dar.

Im Rahmen dieser entwicklungspsychologischen Überlegungen geht es ihm aber auch noch um die beiden miteinander verknüpften Probleme der frühen Ichentwicklung und der präziseren Ausformulierung seiner Libidotheorie. So nähert er sich dem Narzißmus in dieser Schrift auch hauptsächlich mit Hilfe von ökonomischen, libidotheoretischen Vorstellungen.

Freud geht davon aus, daß der früheste Zustand in der infantilen Entwicklung das Stadium des Autoerotismus ist, in dem sich die Triebe autoerotisch, am eigenen Körper befriedigen. Die Triebe, genauer: die Partialtriebe, die an erogene Zonen geknüpft sind, verhalten sich anarchisch dergestalt, daß sie an Ort und Stelle ihre Befriedigung finden. Sie bedürfen also zur Befriedigung keines äußeren Objektes und stehen auch (noch) nicht in einer Beziehung zu einem organisierten Körper, einer einheitlichen Organisation oder einer irgendwie zentralen Instanz. Erst im Zusammenhang mit dem Narzißmus läßt sich dieser frühe Zustand der Triebe im Verhältnis zu einem Zentrum genauer, und zwar ex negativo, charakterisieren. Im Stadium des Narzißmus, das auf den Autoerotismus folgt, kommt etwas Neues hinzu: nämlich »eine dem Ich vergleichbare Einheit«, die »nicht von Anfang an im Individuum vorhanden ist«[19].

Neben der Bestimmung des Narzißmus als einer Stufe der (normalen) Entwicklung verwendet Freud den Begriff auch zur Kennzeichnung weiterer Phänomene. Insgesamt lassen sich fünf verschiedene Bedeutungsebenen[20] des Narzißmuskonzeptes unterscheiden:

1. Eine Art sexueller Perversion, bei der eine Person den eigenen Körper anstelle eines Sexualobjektes gesetzt hat und diesen wie ein solches behandelt, wird von Freud ebenfalls – in klini-

scher Weise – mit diesem Begriff belegt. Heutzutage ist dieser Gebrauch fast vollständig aufgegeben worden.

2. Wie erwähnt, versteht Freud den Begriff auch als Kennzeichnung in genetischer Hinsicht, als Teil seiner Entwicklungslehre, in der auf das Stadium des Autoerotismus das des Narzißmus folgt, bevor in Richtung Objektbeziehung weiter fortgeschritten werden kann. Der primäre Narzißmus wird hier als ein ontogenetisch sehr früher Zustand verstanden, der noch vor jeder Besetzung äußerer Objekte liegt.[21]

3. In dem Aufsatz von 1914 entwickelt Freud im Rahmen der Objektbesetzung eine wichtige Unterscheidung. Er differenziert dort die Objektwahl in zwei Typen, die er »narzißtischer Typus« und »Anlehnungstypus« nennt. Ihm war aufgefallen, daß die Menschen mit gestörter Libidoentwicklung »ihr späteres Liebesobjekt nicht nach dem Vorbild der Mutter wählen, sondern nach dem ihrer eigenen Person. Sie suchen offenkundigerweise sich selbst als Liebesobjekt, zeigen den *narzißtisch* zu nennenden Typus der Objektwahl. In dieser Beobachtung ist das stärkste Motiv zu erkennen, welches uns zur Annahme des Narzißmus genötigt hat.«[22] Er differenziert diesen Typus noch einmal in die Liebe dessen, »a) was man selbst ist (sich selbst), b) was man selbst war, c) was man selbst sein möchte, d) der Person, die ein Teil des eigenen Selbst war«[23].

Im Rahmen des Anlehnungstypus liebt man einen Menschen entweder nach dem infantilen Vorbild der »nährenden Frau« oder des »schützenden Mannes«. Freud weist darauf hin, daß beide Möglichkeiten von jedem Menschen genutzt werden können, daß aber meist ein Überwiegen des einen oder anderen Typus festzustellen sei.

4. Ebenfalls die Objektbeziehungen betreffend, charakterisiert Freud mit dem Begriff des »sekundären Narzißmus« Phänomene, auf die er im Zusammenhang mit organischer Erkran-

kung, Hypochondrie, Schlaf und Schizophrenie (Paraphrenie) gestoßen war. Alle diese Erscheinungen haben miteinander gemeinsam, daß hier die Objektbeziehungen fehlen, daß man sich von den Objekten zurückgezogen hat. Freud erklärt diesen Rückzug libidotheoretisch als Einholen der libidinösen Objektbesetzung ins Ich. Dadurch wird die Welt der Objekte blaß (dort fehlt die Libido), während die ins Ich zurückgeflossene Libido sekundär (wieder) den Narzißmus aufbaut.

5. Der Begriff wird ebenfalls benutzt, um Aspekte der Selbstwertregulation, bei Freud »Selbstachtung«, »Selbstliebe«, »Selbst[wert]gefühl«, zu beschreiben, die er hier im Zusammenhang mit der Einführung des »Ich-Ideals« erklären möchte. Durch die Entwicklung gezwungen, den primären Narzißmus verlassen zu müssen, kann das Ich dennoch einen Teil der ursprünglichen Libidoposition erhalten, indem es ein ideales Bild von sich errichtet, dem »nun die Selbstliebe [gilt], welche in der Kindheit das wirkliche Ich genoß. Der Narzißmus erscheint auf dieses neue ideale Ich verschoben, welches sich wie das infantile im Besitz aller wertvollen Vollkommenheiten befindet. Der Mensch hat sich hier, wie jedesmal auf dem Gebiete der Libido, unfähig erwiesen, auf die einmal genossene Befriedigung zu verzichten. [...] Was er als sein Ideal vor sich hin projiziert, ist der Ersatz für den verlorenen Narzißmus seiner Kindheit, in der er sein eigenes Ideal war.«[24]

Ausdrücklich macht Freud deutlich, daß »wir dem Selbstgefühl eine besonders innige Abhängigkeit von der narzißtischen Libido zuerkennen«[25] müssen.

Wie Pulver bemerkt, dürfte hinsichtlich des ursprünglichen Freudschen Konzeptes nur über zwei Tatsachen allgemeine Übereinstimmung herrschen: »erstens, daß das Konzept vom Narzißmus zu den wichtigsten Erkenntnissen der Psychoanalyse gehört; zweitens, daß dieses Konzept sehr verwirrend ist«[26].

Neben diesen verschiedenen Verwendungsweisen, die zweifellos zur Verwirrung darüber, was jeweils unter Narzißmus genau zu verstehen ist, beitragen, ist das Konzept allerdings auch nicht immer im Einklang mit klinischen Befunden. Wie bereits erwähnt, definiert Freud den Narzißmus im Rahmen seiner Trieblehre in libidotheoretischen Vorstellungen und leitet dann daraus gewisse Konsequenzen ab. Im wesentlichen aber konzipiert Freud Narzißmus unter dem (libido-)ökonomischen Gesichtspunkt in quasi-quantitativen Termini seiner Besetzungslehre.

Es ist an dieser Stelle notwendig, darauf hinzuweisen, daß Freuds Verwendung des Begriffes »Ich« im Jahre 1914 (also noch im Rahmen der ersten Theorie des psychischen Apparates) etwas anderes meint, als es später mit der strukturtheoretischen Instanz des Ich beabsichtigt wird. In den frühen Verwendungen des Ichbegriffs bezeichnet Freud mit »Ich« oftmals das, was wir heute eher »Selbst« zu nennen geneigt sind; »Ich« steht oft für die ganze Person, für Subjekt, Persönlichkeit, so daß die Begriffe »Ich« und »Selbst« in dem frühen Zeitraum der Freudschen Theoriebildung austauschbar sind.

Heinz Hartmann, der als erster auf diesen Sachverhalt explizit hingewiesen hat, bemerkt, daß bei der Anwendung des Begriffes »Narzißmus« »oft zwei verschiedene Gegensatzpaare in eins verschmolzen zu sein [scheinen]. Das eine bezieht sich auf das Selbst (die eigene Person) im Gegensatz zum Objekt, die andere auf das Ich (als ein psychologisches System) im Gegensatz zu den anderen Teilstrukturen der Persönlichkeit. Das Gegenteil von Objektbesetzung ist jedoch nicht Ich-Besetzung, sondern Besetzung der eigenen Person, das heißt Selbstbesetzung.«[27]

Um völlig präzise zu sein, sollte der Begriff »Selbst« in diesem Zusammenhang als Abkürzung für »Selbstrepräsentanz« verstanden werden.

Was die Schwierigkeiten einer rein libidotheoretischen Definition des Narzißmus unter dem ökonomischen Gesichtspunkt der Metapsychologie angeht, so sei an dieser Stelle Freuds Beispiel der »Verliebtheit« genannt. Er geht zunächst von der Unterscheidung der Libido in Ichlibido versus Objektlibido aus und beschreibt deren Ausschicken zum Zwecke der Objektbesetzung und nachfolgendes Wiedereinholen als sekundäres Besetzen des Ich (Selbst). Seiner Vorstellung nach besteht zwischen beiden eine Beziehung nach Art der kommunizierenden Röhren, im Sinne eines Konstanzprinzips. »Je mehr die eine verbraucht, desto mehr verarmt die andere.«[28] Gemäß dieser Auffassung ist der Zustand der Verliebtheit durch eine exzessive Besetzung des geliebten Objekts bei gleichzeitiger Verarmung der Ich-/Selbstbesetzung gekennzeichnet. Ein solcher Zustand der Verliebtheit stellt »sich uns wie ein Aufgeben der eigenen Persönlichkeit gegen die Objektbesetzung«[29] dar.

Hier wird das Selbstwertgefühl durch die libidinöse Besetzung erklärt, das dem ökonomischen Grundsatz des Konstanzprinzips entsprechend abnimmt, wenn die Libido an Objekte abgegeben wird, während umgekehrt das Selbstwertgefühl zunimmt, wenn die von den Objekten zurückgenommene Besetzung wieder (sekundär) ins Selbst investiert wird.

Allerdings stimmt nun diese Vorstellung der quantitativen Verschiebung nicht mit klinischen Befunden überein. So meinen Holder und Dare, es sei klinisch erwiesen, daß zwischen der libidinösen Besetzung des Selbst und den Objekten keine einfach umkehrbare Beziehung anzunehmen ist. Daher sehen sie Freuds Beispiel des verliebten Menschen bereits als *Folge* eines unterbesetzten Selbst, das »in erster Linie der Grund dafür ist, daß sie [die so Liebenden] sich in eine Person verliebten, deren Gleichgültigkeit und Unvermögen, die Liebe zu erwidern, jene besondere Objektwahl vorherbestimmte«[30]. Ansonsten schließe ein starkes Selbstgefühl starke Objektbesetzungen nicht aus, und auch ein geringes Selbstgefühl muß nicht notwendigerweise zu einer besonders starken Besetzung der Objektrepräsentanzen führen. Diese Autoren meinen nun, daß »die Tendenz, Narzißmus mit der Ökonomie der libidinösen Besetzung des Selbst gleichzusetzen, zu begrenzt ist [...] und deshalb abgelehnt werden muß«[31].

Verantwortlich für diese berechtigte Kritik ist sicherlich auch eine Unterlassung Freuds selbst: Er versäumte es nämlich in späteren Jahren, nachdem er die Strukturtheorie eingeführt hat, das 1914 im Rahmen seiner ersten Theorie des psychischen Apparates beschriebene Narzißmuskonzept in die neue Konzeption einzufügen oder zu reformulieren. Aufgrund dieses Sachverhaltes, daß bestimmte Theoriestücke der Psychoanalyse zu verschiedenen Zeiten formuliert wurden und nicht immer mit den neuen theoretischen Ansichten weiterentwickelt wurden, ist es zu verstehen, daß gerade das Narzißmuskonzept von schillernder Vieldeutigkeit geprägt ist und an manchen Stellen sogar widersprüchlich erscheint.

Kohuts Weiterentwicklung der psychoanalytischen Narzißmustheorie

In den sechziger Jahren beginnt Kohut in einer Reihe von Aufsätzen seine sich gerade entwickelnden Überlegungen darzustellen und wesentliche Ideen, die er später differenzierter formulieren wird, ansatzweise zu artikulieren. Insbesondere in den Aufsätzen *Formen und Umformungen des Narzißmus* (1965), *Die psychoanalytische Behandlung narzißtischer Persönlichkeitsstörungen* (1968) und *Überlegungen zum Narzißmus und zur narzißtischen Wut* (1971) (alle in ZdP) lassen sich die Vorarbeiten erkennen, die schließlich zur ersten ihn einem größeren Kreis bekannt machenden Publikation – der grundlegenden Monographie *Narzißmus*, deren Titel korrekt übersetzt »Die Analyse des Selbst« hätte heißen müssen (1971, dt. 1973) – führen wird.

Angeregt wird Kohut in seinen Überlegungen einerseits durch die Konfrontation mit Patienten in seiner psychoanalytischen Behandlungspraxis, die er diagnostisch als narzißtische Persönlichkeitsstörungen versteht. Andererseits gab ihm seine eigene narzißtische Persönlichkeitsstruktur Anlaß genug, sich mit diesem Thema zu befassen. Er schien selbst darunter zu leiden, »daß es spezifische Hindernisse in meiner eigenen Persönlichkeit waren, die mir im Weg standen«, welche er als Wünsche beschreibt, »mich selbst im narzißtischen Mittelpunkt der Bühne sehen zu wollen« (ZdP 199).

Die Hauptsymptome oder Beschwerden dieser narzißtisch bedürftigen Patienten sind nicht immer klar, häufig nur ungenau zu beschreiben und wurden auch von den Patienten anfänglich nur sehr unbestimmt geschildert. Es handelt sich meist um Gefühle der Leere und Depression, den Eindruck, nicht in vollem Sinne wirklich zu sein, die Patienten klagen über ein abgestumpftes Erleben, ein Verrichten ihrer Arbeit ohne Freude oder innere Anteilnahme; Routine und Passivität statt Initiative beherrschen ihr Leben; auch hypochondrische Befürchtungen kommen vor. Dieses Beschwerdebild ist häufig diffus und keineswegs starr verankert; statt dessen sind die Symptome vorübergehend, und wenigstens zeitweise können wieder Gefühle der Aktivität und der lebendigen Bezugnahme zur Welt intensiv wahrgenommen und erlebt werden. Allerdings entgeht dem Analytiker gewöhnlich nicht der ebenfalls vorhandene Zug einer starken narzißtischen Kränkbarkeit. So können plötzliche Zurückweisungen oder ausgebliebene, erwartete Zustimmung oder Interesse seitens der Umwelt der Patienten diese sofort wieder in einen Zustand tief empfundener innerer Leere stürzen.

Wie Kohut einmal in einem Brief an einen Schüler schrieb, hielt er selbst »die Entdeckung, daß bei den narzißtischen Persönlichkeitsstörungen der Zusammenhalt des Selbst unsicher ist«, für »einen meiner wichtigsten Befunde« (ZdP 252). Dieser unsichere Zusammenhalt des Selbst bei den narzißtischen Persönlichkeitsstörungen äußert sich in bestimmten Regressionen und – charakteristischerweise – in der sog. »Fragmentierung«, einer temporären, vorübergehenden Auflösung der Selbst-Kohärenz, deren häufigste Anzeichen 1. die Hypochondrie, 2. eine unordentliche Erscheinung des Patienten und 3. eine gewisse Verhaltensänderung darstellen. Da wir uns später noch mit Fragmentierung und Regression auseinandersetzen werden, sollen die Ausführungen hierzu an dieser Stelle kurz gehalten werden.

In der Hypochondrie, einem Zustand der Beschäftigung mit und der Sorge über einzelne Teile des Körpers oder einzelne seelische Funktionen, ersetzt der Kranke sein sich auflösendes Selbst durch den für ihn zwar in Frage zu stellenden, jedoch intakten, ganzen Körper. Diese Form der Bindung an den eigenen Körper scheint dem Prozeß des Selbst-Verlustes Einhalt zu gebieten.

Das äußerlich nachlässige Aussehen des Patienten, »insbesondere die fehlende Harmonie in seiner Kleidung«, wie auch die Verwendung einer manierierten Sprache und affektierter Gebärden hält Kohut für die Folge der Tatsache, »daß seine seelischen und körperlichen Funktionen des organisierenden Einflusses zu entraten beginnen, den die Einbeziehung in ein Gesamt-Selbst bot« (ZdP 281).

Er sieht in solchen Vorgängen die Wiederholung einer (damals progressiven) frühkindlichen Entwicklung in umgekehrter Form.

In seiner Sichtweise baut Kohut zunächst auf dem von Freud geschaffenen Fundament auf, um schließlich zu Schlußfolgerungen zu gelangen, die über den von Freud geschaffenen Rahmen hinausgehen. So knüpft er beispielsweise an die Freudsche Abfolge von Autoerotismus und Narzißmus an, wenn er schreibt, »daß ein Stadium, in dem das Kind nur einzelne Körperteile und einzelne körperliche und seelische Funktionen erlebt, ersetzt wird durch ein Stadium, in dem das Kind sich selbst als zusammenhängendes körperlich-seelisches Selbst erlebt« (ZdP 252).

Kohut sieht hier seine Formulierungen als vereinbar mit Freud, ja als direkte Fortführung Freudscher Gedanken an, wenn er vermutet, daß es sich bei den narzißtisch gestörten Persönlichkeiten um vorübergehende Regressionen von einem kohärenten Selbst zu Zuständen, in denen das Selbst fragmentiert ist, handelt. Ist Freuds Unterscheidung zwischen Autoerotismus und Narzißmus im wesentlichen triebpsychologisch und in Begriffen der Libidobesetzung formuliert, so ist Kohuts Unterscheidung dieser beiden Phasen bereits aus dem Blickwinkel eines entstehenden Selbst gefaßt. Seines Erachtens führen schwere Regressionen auf das autoerotische Stadium »zur Aktivierung instabiler, präpsychologischer Fragmente des Seele-Körper-Selbst und seiner Funktionen« als der ersten, uranfänglichen Phase der Selbst-Bildung, während der darauffolgende, zweite Abschnitt schon aus »psychologisch-differenzierten, festgeformten Gestaltungen« (ZdP 174) besteht. Auf den etwas vieldeutigen Satz Freuds, daß etwas zum Autoerotismus hinzukommen muß, eine neue psychische Aktion, um den Narzißmus zu gestalten, gibt Kohut nun eine etwas klarere Antwort, indem er die »neue Aktion« als Geburt des nuklearen Selbst beschreibt.

Inwieweit nun dieser neue Begriff in das alte triadische Schema der Strukturtheorie paßt, war u. a. Gegenstand einer Diskussion über das Selbst anläßlich des 26. Internationalen Psychoanalytischen Kongresses 1969 in Rom, bei dem Kohut die Aufgabe des Moderators übernommen hatte. Aus seinen Bemerkungen zu diesem Zeitpunkt geht deutlich hervor, daß er zwar das Selbst als »eine umschriebene Konfiguration« betrachtet, jedoch (noch) von der Erhebung dieser Struktur in den Rang einer Instanz vorsichtig absieht. Offenbar ist ihm bereits deutlich, daß eine Erweiterung im Hinblick auf die Aufnahme einer vierten Instanz in die psychoanalytische Metapsychologie eine größere Anstrengung bedeuten würde, für die das Material wohl noch nicht ausgereicht hätte. Gleichwohl behält er hier aber eine Mittelposition, indem er eine zukünftige Aufnahme nicht ausschließen möchte. (OCR 176-181)

Kohut bewegt sich in seinen Formulierungen noch in der triebpsychologischen Erklärungssprache, wenngleich er sich doch auch genötigt sieht, diesen Rahmen zu erweitern, indem er das gegebene Material von einem neuen Bezugspunkt aus betrachtet und dadurch zu anderen Schlußfolgerungen kommt. So meint er, daß das Selbst ein tiefenpsychologisches Konzept ist, das metapsychologisch definiert werden kann: In genetischer Hinsicht könne man frühe, archaische Vorläufer von späteren Bildungen unterscheiden, die auch in Beziehung (integriert oder abgespalten) zur erwachsenen Persönlichkeit stehen. Zu Anfang, so nimmt er an, erfahre der Säugling die verschiedenen körperlichen und seelischen Aktivitäten und speziell seine einzelnen Körperteile als getrennt (d. h. sie sind einzeln und nur funktionell libidinös besetzt). Langsam und zunächst graduell erwirbt er dann ein Gefühl der Einheit, erlangt er ein Gefühl für die Tatsache, daß die einzelnen Funktionen und Körperteile zu einem größeren Ganzen gehören, seinem Selbst, das nun, als eine Einheit, mit narzißtischer Libido besetzt wird.

Im Hinblick auf einen dynamisch-strukturellen Zusammenhang unterstreicht Kohut die Zweckmäßigkeit, das Selbst (verstanden als Abstraktion, die aus der Introspektion einer wahrnehmbaren Einheit mit raum zeitlicher Kontinuität abgeleitet werden kann) von einem Ich (als Teil des seelischen Apparates mit einem Bündel von Funktionen) zu unterscheiden. Zur Unterstützung dieses Vorschlages führt er folgende bekannte, empirisch nachvollziehbare Beziehung an: Ein ausreichend besetztes, kohäsives Selbst unterstützt und fördert das Funktionieren des Ich, wie auch umgekehrt die starke Besetzung von Ichfunktionen dazu neigt, den Zusammenhalt des Selbst zu erhöhen.

Aus diesen Überlegungen wird deutlich, daß Kohut sich einerseits genötigt sieht, eine neue Struktur einzuführen, das Selbst, das er als erfahrungsnahe Abstraktion betrachtet, als einen Inhalt des psychischen Apparates (i.S. der Selbstrepräsentanzen), während er andererseits noch im Rahmen der triebpsychologischen Besetzungslehre verbleiben möchte und versucht, seine Befunde hier zu integrieren.

Allerdings führt ihn sein Ansatz der selbstpsychologischen Perspektive dazu, gewisse Korrekturen am ursprünglichen Modell des Narzißmus vorzunehmen. So kritisiert er zunächst die negative, abwertende Haltung, mit der dem Narzißmus generell – aber gerade auch im wissenschaftlichen Kontext – begegnet wird, und erklärt sie aus dem Wertsystem des Abendlandes, das Altruismus preist und Egoismus und die Sorge um das eigene Wohl herabsetzt. Kohut meint, eine ablehnende Haltung auch bei Freud festzustellen, dessen Argumentation letzten Endes dazu führe, im Narzißmus bloß ein »Regressionsprodukt« zu sehen. Demgegenüber befürwortet er eine bejahende Einstellung zum Narzißmus und vertritt die These, »daß der Narzißmus potentiell adaptiv und wertvoll (und nicht notwendigerweise krankhaft oder böse) ist« (ZdP 208).

Er kritisiert des weiteren die klassische Theorie, die seiner Hypothese einer relativen Unabhängigkeit des narzißtischen Sektors der Persönlichkeit widerspricht, indem er die Beziehung zwischen Objektliebe und Narzißmus betrachtet. Wie bereits ausgeführt, stellt sich Freud diese Beziehung nach »dem Bild des Flüssigkeitsspiegels in einer U-förmig gebogenen Röhre« vor. »Wenn der Flüssigkeitsspiegel auf der einen Seite steigt, sinkt er auf der anderen. Es gibt keine Liebe, wo Zahnschmerzen sind; es gibt keine Schmerzen, wo leidenschaftliche Liebe ist.« Kohut meint dazu, daß solche Denkmodelle, die den Ergebnissen der Beobachtung widersprechen, durch bessere, den Daten angemessene ersetzt werden sollten. Er begründet diese Forderung folgendermaßen:

»Das erhöhte Selbstgefühl zum Beispiel, das die Objektliebe begleitet, demonstriert eine Beziehung zwischen den beiden Formen libidinöser Besetzung, die nicht dem Bild der Oszillationen in einem U-Röhren-System entspricht. Das Verhalten der Flüssigkeit in der U-förmig gebogenen Röhre und Freuds Amöbengleichnis stellen gewiß Modelle dar, die in adäquater Weise das völlige Inanspruchgenommensein des Leidenden durch seinen schmerzenden Zahn sowie auch die Tatsache anschaulich machen, daß der wartende Liebhaber Regen und Kälte vergißt. Diese Phänomene können jedoch ohne Schwierigkeit in Begriffen der Verteilung der Aufmerksamkeitsbesetzungen erklärt werden; d.h. zu ihrer Erklärung wird die Theorie der U-förmig gebogenen Röhre nicht *benötigt*.« (ZdP 208f.)

Damit stellt Kohut Freuds gesamtes Konzept der narzißtischen versus Objektlibido in Frage, was heißt, daß deren Beziehungen von Grund auf neu durchdacht und anders konzeptionalisiert werden müssen. Seines Erachtens ist Freud in dieser Frage von einem falschen Gegensatz ausgegangen, denn »die Antithese zum Narzißmus ist nicht die Objekt*beziehung*, sondern die Objekt*liebe*« (ZdP 142, siehe auch ZdP 192). Damit meint er, daß auch Objekte/Menschen narzißtisch verwendet werden können und daß das bloße Bestehen von Beziehungen noch nichts über deren Qualität bzw. deren mögliche Funktion für das Selbst aussagt.

Hier deutet sich schon einer der späteren Hauptbegriffe in Kohuts Denken an, der des Selbstobjektes, den wir im Rahmen seiner Entwicklungskonzeption genauer besprechen werden. Es soll an dieser Stelle genügen, Kohuts Korrekturen am Freudschen Narzißmuskonzept darzulegen.

Da Kohut die Formel »Je mehr der eine Pol verbraucht, desto mehr verarmt der andere« als Erklärung nicht länger akzeptiert, folgt daraus konsequent, daß er auch das Konzept eines sekundären Narzißmus ablehnt.

Statt einer direkten Beziehung zwischen Narzißmus und Objektbeziehung schlägt Kohut vor, sich zwei getrennte, parallele, jedoch nicht unverbundene, sondern sich wechselseitig beeinflussende Entwicklungslinien vorzustellen. So wäre die Entwicklung der Triebe und der Funktionen als relativ unabhängig von der Entwicklung zu sehen, die sich im narzißtischen Sektor der Persönlichkeit abspielt, dem Selbst. Damit ist Kohut der erste, der den Narzißmus als selbst in der Entwicklung befindlich ansieht, als etwas, was auch eine Wandlung, eine Veränderung im Sinne einer Differenzierung und Reifung im Laufe der Zeit durchmacht.

Im Zusammenhang mit dem Narzißmus hält Kohut daher »seine unabhängige Entwicklungslinie von primitiven zu gereiften, adaptiven und kulturell wertvollen Formen« des Narzißmus »für den wichtigsten Gesichtspunkt« (ZdP 207).

Hat Freud noch eine einlinige Entwicklungssequenz, nämlich die Abfolge Autoerotismus – primärer Narzißmus – Objektliebe vertreten, so fühlt sich Kohut aufgrund seiner Befunde genötigt, zwei Linien der Entwicklung konzipieren zu müssen, wobei die narzißtische Linie nie verlassen oder aufgegeben werden muß, indem sie in der Objektliebe aufgeht. Nach Kohuts Ansicht wird der Narzißmus oder eine narzißtische Position lebenslang beibehalten, wobei hier nur die Frage der Entwicklungsangemessenheit oder die der Integration bestimmter narzißtischer Konfigurationen gestellt wird.

Von weiterer Bedeutung und klinischer Beweiskraft für Kohuts Konzeption sind die von ihm beschriebenen narzißtischen Übertragungen. Freud hatte schon in den *Studien über Hysterie* (1895) »die Übertragung auf den Arzte [...] durch falsche Verknüpfung«[32] erkannt und festgestellt, »daß sich regelmäßig während der analytischen Behandlung eine besondere Gefühlsbeziehung des Patienten zum Arzt herstellt, welche weit über das rationelle Maß hinausgeht, von der zärtlichsten Hingebung bis zur hartnäckigsten Feindseligkeit variiert, und alle ihre Eigentümlichkeiten früheren, unbewußt gewordenen Liebeseinstellungen des Patienten entlehnt«[33].

Neben der Überzeugung, darin einen Beweis für die Tatsache zu erblicken, daß die Triebkräfte der neurotischen Symptombildung sexueller Natur sind, war Freud von der überragenden Bedeutung der Übertragung für die analytische Therapie überzeugt. Anfänglich noch als Widerstandsphänomen verstanden, wurde sie für ihn mehr und mehr ein unbedingtes Erfordernis, das der Patient in der Regel spontan – als Ausdruck seiner Erkrankung – in der analytischen Situation erschuf. Fortschritte in der therapeutischen Praxis konnten nur erzielt werden, wenn die »libidinöse Erwartungsvorstellung«, präziser: »die erwartungsvoll bereitgehaltene Libidobesetzung des teilweise Unbefriedigten sich auch der Person des Arztes zuwendet«[34] und im weiteren Prozeß sich die sogenannte Übertragungsneurose (»eine artifizielle Krankheit [...], die [...] unseren Eingriffen zugänglich ist«[35]) als Folge des Wiederholungszwanges einstellt.

Diese Ausführungen machen erneut deutlich, wie sehr Freud die Dynamik der seelischen Vorgänge unter dem Gesichtspunkt der Libidoökonomie, also im Rahmen seiner quantitativen Besetzungslehre zu erklären versucht. Die Fähigkeit zur Übertragung wird von ihm eigentlich im Kontext des Themas der Objektbesetzung diskutiert. So geht ja eine der Grundannahmen der psychoanalytischen Metapsychologie davon aus, daß die ursprünglichen Objektbesetzungen trotz (oder vielleicht gerade wegen) der Verdrängung im Unbewußten weiterbestehen. Dies hat Freud für die sog. »Übertragungsneurosen«, also solche klassischen Neuroseformen wie Hysterie, Zwang, Phobie bzw. Angsthysterie, die in der analytischen Situation eine Übertragung auf den Analytiker erkennen lassen, festgestellt. Abgegrenzt von diesen, behauptet Freud die Klasse der »narzißtischen Neurosen«, worunter er Dementia praecox (Schizophrenie; Freud zog den Ausdruck »Paraphrenie« vor), Paranoia und Melancholie als engere Gruppe faßt. Bei dieser Krankheitsgruppe, die nosologisch – aufgrund ihres Erkrankungsmechanismus – eine von den Übertragungsneurosen grundsätzlich verschiedene Entität darstellt, bleibt nach Freud eine Übertragungsentwicklung aus.

Es ist zu vermuten, daß Freud sich stärker von theoretischen Annahmen zu dieser Schlußfolgerung leiten ließ als von praktischer Erfahrung. Denn aus der Sicht seines metapsychologischen Verständnisses spricht alles für die Unmöglichkeit einer Ausbildung der Übertragung, da ja gerade die Übertragungs*fähigkeit* an die Fähigkeit zur Objektbesetzung gebunden ist. Bei den narzißtischen Affektionen hatte Freud aber gerade einen anderen Mechanismus supponiert: den der Auflösung der Objektbesetzung und Rückführung der Objektlibido auf das Ich (bzw. Selbst), so daß er hier von einem sekundären Narzißmus sprechen konnte. Die Objektbesetzung soll hier also gerade nicht im Unbewußten festgehalten werden, und somit entfiele die Grundlage für eine Übertragungsfähigkeit.

Während Freud zufolge der paranoide Erkrankungsprozeß auf die Stufe des Narzißmus regrediert, geht die Regression im Falle der Dementia praecox »nicht nur bis zum Narzißmus, der sich in Größenwahn äußert, sondern bis zur vollen Auflassung der Objektliebe und Rückkehr zum infantilen Autoerotismus«[36].

Folglich läßt sich aus Freuds Sicht behaupten, »daß die an narzißtischen Neurosen Erkrankten keine Übertragungsfähigkeit haben oder nur ungenügende Reste davon. Sie lehnen den Arzt ab, nicht in Feindseligkeit, sondern in Gleichgültigkeit. Darum sind sie auch nicht durch ihn zu beeinflussen.«[37]

Wir begegnen hier allerdings der schon im Hinblick auf den Narzißmus geäußerten Schwierigkeit im Aufbau der Freudschen Theorie, dem Sachverhalt nämlich, daß Freuds Psychosenverständnis im wesentlichen auf der Grundlage der topographischen Theorie formuliert wurde und so – um es vorsichtig auszudrücken – mit der späteren Strukturtheorie nicht besonders gut harmoniert. Der Kern der mangelnden Übereinstimmung betrifft jedoch genau die Übertragungsfähigkeit: Im topographischen Rahmen kann die Libido als objektlos gedacht werden, während innerhalb der Strukturtheorie die Libido nicht ohne Objekt konzipiert werden kann. Da innerhalb der Strukturtheorie Libido *immer* als *objektgebunden* gedacht wird, ist eine Übertragung also theoretisch immer möglich, wenn irgendeine Ichstruktur erhalten geblieben ist (da sich das Ich ja aus Objektniederschlägen entwickelt hat). Freuds Ansicht, daß eine Übertragung bei Psychosen nicht möglich sei, läßt sich so mit Hilfe seiner eigenen (späteren) Theorie kritisieren.[38]

Paul Federn, der schon in den dreißiger Jahren Psychoseanalysen durchführte, widersprach jedoch der Ansicht der Übertragungslosigkeit bei narzißtischen Neurosen, indem er meinte, »die Analytiker irrten sich, als sie den Schluss zogen, daß es beim Psychotiker zu keiner Übertragung komme«, und auch Freuds Meinung in diesem Punkt habe sich »öfters als unrichtig erwiesen«[39].

Aber auch andere, wie Harry Stack Sullivan 1931 im *American*

Journal of Psychiatry und Frieda Fromm-Reichmann 1939[40], beschäftigten sich schon sehr früh mit der psychoanalytischen Behandlung Schizophrener und konnten feststellen, daß sich die Übertragung durchaus einstellt, die Übertragungsreaktionen jedoch unzuverlässig scheinen. Zwar folgen sie denselben dynamischen Regeln (wie beim psychoneurotischen Wechsel zwischen positiver und negativer Übertragung), doch hält Fromm-Reichmann sie für stärker abhängig vom Verhalten und den Fehlern des Analytikers. In jedem Fall jedoch ist »der Schizophrene imstande, starke Bindungen von Liebe und Haß gegenüber dem Analytiker zu entwickeln«[41].

Heutzutage ist man sogar in der paradoxen Situation, genau das Gegenteil von Freud behaupten zu müssen: Aufgrund der analytischen Praxiserfahrungen mit Psychotikern muß man sagen, daß sich nicht gar keine, sondern sogar eine überaus starke Übertragung entwickelt. Auf eine Formel gebracht: »Je schwächer das Ich, um so stärker die Übertragung, d.h. um so größer die Abhängigkeit von einer Person in der Außenwelt.«[42]

Allerdings ist die Gruppe der Psychotiker, die zwar von Freud zur Gruppe der narzißtischen Neurosen gezählt wurde, heute von den narzißtischen Persönlichkeitsstörungen, die Kohut untersuchte, zu sondern. Als Kohut in den sechziger Jahren mit diesen Patienten arbeitete, war ihm das oben skizzierte, neue Verständnis des Übertragungsprozesses bei Psychotikern wohl bekannt, doch hatte bisher niemand – von wenigen, vereinzelt gebliebenen Vorarbeiten einmal abgesehen – die spezifischen, charakteristischen Übertragungen dieser Patientengruppe untersucht. Nach der klassischen Auffassung wurde Narzißmus in der Analyse als unspezifisches Widerstandsphänomen gegen die Behandlung betrachtet und aus dieser Perspektive gedeutet.

Eine engere, auch pathognomonisch verwertbare Form der narzißtischen Übertragung im Sinne eines *spezifischen* Anteils der Psychopathologie hat – interessanterweise – Kohuts erster Lehranalytiker beschrieben. August Aichhorn, dessen Hauptinteresse der Arbeit mit delinquenten Jugendlichen galt, erwähnt bereits 1925 die Schwierigkeiten der Herstellung einer Übertragung »bei stark narzißtischen, das heißt in sich selbst sehr verliebten Zöglingen«[43]. In einem Aufsatz beschreibt er 1936 differenzierter die *narzißtische Übertragung des Hochstaplers* und seine analytische Technik, sich dem Kriminellen als bewunderte Nachbildung von dessen eigenem delinquenten Ich und Ich-Ideal anzubieten.[44] Kohut, der diesen Aufsatz kannte und sich im Hinblick auf den Grad der therapeutischen Aktivität seitens des Analytikers auf ihn bezieht, kommentiert Aichhorns Technik in Begriffen seiner eigenen Terminologie.

»Z.B. bietet sich der Analytiker dem Patienten aktiv als Ebenbild von dessen grandiosem Selbst an, und zwar in einer Beziehung, die der Zwillings- (oder alter ego-) Variante der Spiegelübertragung ähnelt. [...] Die Fähigkeit eines Delinquenten, sich dem Analytiker mit Bewunderung zuzuwenden, zeigt allerdings an, daß ein idealisiertes Elternbild und der tiefe Wunsch nach idealisierender Übertragung (vorbewußt) vorhanden waren, infolge früher Enttäuschungen jedoch verleugnet und verheimlicht wurden. Aichhorns besonderes Verständnis für den Delinquenten führte ihn dazu, sich selbst zunächst als Spiegelbild von dessen grandiosem Selbst anzubieten.« (ZdP 189f.)

Die Begriffe »idealisiertes Elternbild« und »grandioses Selbst«, die Kohut hier verwendet, verweisen auf seine Entdeckung von zwei spezifischen, pathognomonisch relevanten Übertragungshaltungen bei narzißtischer Pathologie, die beide auf die jeweils unterschiedlichen Ursachen der Störungsform hinweisen. Bevor ich auf deren Beschreibung eingehe, soll uns eine andere Frage zuerst beschäftigen: Wie war Kohut in der Lage, diese zu entdekken?

Wie bereits erwähnt, veröffentlichte Kohut 1959 seine anläßlich der 25-Jahr-Feier des Chicagoer Instituts im Jahre 1957 gehaltene Rede unter dem Titel *Introspektion, Empathie und Psychoanalyse*, wobei es ihm – wie der Untertitel präzisiert – um *die Beziehung zwischen Beobachtungsmethode und Theorie* ging. Er präsentierte damit ein strenges methodologisches Papier, das damals Ideen enthielt, die John Gedo in der Rückschau (1975) bewundernd als »radikal und unakzeptierbar«[45] für das damalige Klima der herrschenden psychoanalytischen Meinungen bezeichnete. Seiner Ansicht nach ist dieser Aufsatz Kohuts wichtigstes Werk, da er das Ende des damals herrschenden Paradigmas der Ichpsychologie bedeutete, was diese jedoch nicht wirklich begriff. Allerdings gab es in den kommenden Jahren auch keine Hinweise, daß Kohut selbst seine eigene methodologische Darstellung des psychoanalytischen Prozesses ernst nehmen würde, was er jedoch tat, wie die späteren Veröffentlichungen zeigten.

Aus klinischer Notwendigkeit heraus – die Erfahrungen mit Patienten zwangen Kohut dazu – war er veranlaßt, Rekonzeptualisierungen der Theorie und der Technik vorzunehmen. Die metapsychologische Strukturtheorie dient im wesentlichen als Ordnungsprinzip, um die klinischen Phänomene einzutragen und zu verstehen; gleichzeitig kann diese aber auch als theoretische Zwangsjacke fungieren, wenn sich gewisse Befunde nicht in das Prokrustesbett ihrer Annahmen zwängen lassen. Am Beispiel des Narzißmus läßt sich zeigen, daß die Freudsche Ein-Achsen-Theorie (Autoerotismus – Narzißmus – Objektliebe) diesen nur als Widerstandsphänomen deuten und verstehen konnte. In diesem Sinne ließe sich sagen, daß die Theorie zumindest mitbeteiligt war, wenn behauptet wurde (werden mußte), daß sich eine genuin narzißtische Übertragung nicht entdecken läßt. Um genau dieses Verhältnis von Beobachtung und Theorie geht es nun Kohut in seinem Introspektions-Artikel, aber auch schon in früheren Diskussionsbemerkungen, Buchbesprechungen und gelegentlichen Anmerkungen zu Beginn der fünfziger Jahre. Im wesentlichen wendet er sich gegen ein bedenkenloses Nebeneinander von biologischen, sozialpsychologischen und psychologischen Begriffen und Konzepten innerhalb der Psychoanalyse; er argumentiert im Gegenzug für eine intrinsische Beziehung zwischen Beobachtungsmethode und Theorie. Seines Erachtens sind die Ergebnisse einer wissenschaftlichen Untersuchung ganz eng an die verwendete Methode der Datengewinnung gebunden, und genau dies – das Verwenden einer spezifischen Methode – setzt bzw. definiert die Grenzen einer Wissenschaft. Aus diesem Verständnis heraus teilt Kohut die Psychoanalyse in Elemente, die Freud aufgrund der psychologischen Methode der Introspektion formuliert hat, und in solche, für die dies nicht gilt (weil sie der Biologie entnommen wurden oder ihr Begründungszusammenhang sich nur philosophisch nachvollziehen läßt; z. B. Lebens- oder Todestrieb). Während Kohut zur ersten Gruppe beispielsweise den primären Narzißmus zählt und diesen als legitime Abstraktion im Bereich der Psychologie, die aus den klinischen Äußerungsformen des Narzißmus extrapoliert wurde, beschreibt, sind ihm zufolge die Konzepte der zweiten Gruppe nicht mehr dem Feld der Psychologie zuzuordnen. Denn diese könnten hier weder bestätigt noch falsifiziert werden. Indem Freud jedoch diese beiden Bereiche, hauptsächlich biologische und psychologische Konzepte, kombinierte, beging er, Kohut zufolge, einen methodologischen Irrtum. Hauptinstrument der psychoanalytischen Beobachtung ist die Introspektion, und so ist auch der psychoanalytische Begriff »Trieb«, obgleich eine Abstraktion, die sich ebensowenig beobachten läßt wie die Abstraktion »Säugetier«, doch »durch introspektive Erforschung innerer Erlebnisweisen gewonnen«, die »die gleiche psychische Qualität, nämlich die des Getriebenseins (des Wünschens, Wollens oder Strebens)« (IEP 29), besitzen.

Wesentlich ist, daß nur Phänomene, die entweder durch Introspektion oder durch Einfühlung (Empathie) zustande gekommen sind, als psychisch oder psychologisch gelten dürfen.

Im Rahmen dieser methodologischen Erörterungen geht Kohut auch auf die Übertragung ein und enthüllt bereits hier sein Verständnis des Unterschiedes zwischen neurotischer und narzißtischer Übertragung.

»Konsequente Introspektion führte bei den Übertragungsneurosen zur Erkenntnis eines inneren Kampfes zwischen infantilen Strebungen und inneren Gegenkräften gegen diese Strebungen: des strukturellen Konflikts. Der Analytiker, insoweit er eine Übertragungsfigur ist, wird nicht im Rahmen einer zwischenmenschlichen Beziehung erlebt, sondern als Träger unbewußter innerpsychischer Strukturen (unbewußter Phantasien) des Analysanden.«

Im Unterschied dazu führt die systematische Introspektion und Einfühlung in die Erlebnisse primitiver seelischer Organisationen, wie narzißtische Störungen (i. S. der Psychose und Borderlinezustände), »zur Erkenntnis einer unstrukturierten Psyche, die um die Aufrechterhaltung des Kontaktes mit einem archaischen Objekt oder um die Aufrechterhaltung einer noch ungefestigten Absonderung von diesem Objekt kämpft« (IEP 20f.).

Wir finden in diesen Formulierungen Vorläufer der mehr als ein Jahrzehnt später ausgearbeiteten Darstellungen der narzißtischen Übertragungsformen in seinem Narzißmus-Buch, die Kohut so bekannt machen sollten. Der Analytiker wird hierbei als das alte Objekt der abweisenden, versagenden oder unzuverlässigen frühen Realität erlebt, erhält also den Status eines archaischen Objektes, mit dem er in einer zwischenmenschlichen Beziehung steht. Von diesem Objekt muß sich der Analysand entweder strikt abgrenzen, um sein eigenes Selbst zu erhalten, oder er muß den Kontakt zu ihm unbedingt halten, um sich eventuell ein Stück innerer Struktur aneignen zu können.

Auf der Grundlage dieser strengen methodologischen Zuordnung von Instrument und Theorie war es Kohut möglich, neue Entdeckungen zu machen. Wie Gedo ausführte, bezweifelte Kohut die bequeme Annahme des psychoanalytischen Establishments, daß Freuds Untersuchungen die ganze Tiefe des seelischen Lebens ausgeleuchtet hätten und die Analytiker sich nun der Bestätigung, Verfeinerung und dem In-Beziehung-Setzen mit den Ergebnissen der Nachbarwissenschaften widmen könnten. Insbesondere die ichpsychologische Schule fühlte sich beunruhigt durch Kohuts Zweifel an der Stichhaltigkeit von Daten, die nicht durch Introspektion und Empathie gewonnen waren. Kohut votierte nachhaltig für eine Rückkehr zur selbstanalytischen Introspektion als Königsweg zu neuen tiefenpsychologischen Entdeckungen.[46]

Es ist vielleicht angebracht, bereits an dieser Stelle einen zwar weitverbreiteten, aber eben dennoch falschen Kritikpunkt im Hinblick auf die Stellung des Empathiekonzeptes bei Kohut aufzugreifen und zu klären. Gemeint ist der Vorwurf, die Selbstpsychologie behaupte eine heilende Wirkung der Empathie (»They will claim that empathy cures. They will claim that one has to be just ›empathic‹ with one's patients and they'll be doing fine. I don't believe that at all!«; SfS 4 527) und mache folglich empathisches Verstehen zu einem Hauptmittel ihrer therapeutischen Behandlungstechnik. Man könnte sagen, dies ist so richtig wie falsch. Hier muß etwas weiter ausgeholt werden.

Es ist sicher nicht richtig, zu sagen, Kohut habe die Empathie für die Psychoanalyse entdeckt; der Begriff findet sich bereits bei Freud (dort hieß das noch »Einfühlung«; der Terminus wurde wohl durch Rückübersetzung aus dem anglo-amerikanischen »empathy« kreiert), und dieser wußte auch um dessen zentrale

Stellung. So wies er darauf hin, daß man sich erste Erfolge bei einer Behandlung dadurch »verscherzen [kann], wenn man von Anfang an einen anderen Standpunkt einnimmt als den der Einfühlung«[47]. In seinem Behandlungsbericht zum *Wolfsmann* macht er auf die Schwierigkeiten aufmerksam: »Persönliche Eigentümlichkeiten, ein dem unsrigen fremder Nationalcharakter, machten die Einfühlung mühsam.«[48] Freud war sich also darüber im klaren, daß eine einfühlende Haltung dem Patienten gegenüber die Grundlage des psychologischen Verstehens abgibt, schien diese Kenntnis jedoch vorauszusetzen und thematisierte den Begriff oder den damit bezeichneten inneren Vorgang explizit in seinen Schriften nicht näher. Genau dieses Verdienst gebührt Kohut, der die Einfühlung/Empathie auf mehreren Ebenen zu letzten Endes drei Zwecken reflektiert.

In einer kurz vor seinem Tod gehaltenen Rede mit dem Titel *On Empathy* (SfS 4 525-535) widmet sich Kohut noch einmal – widerwillig (»I'm sick of that topic. It seems to be nonproductive«) – diesem Thema, um endlich mit den vielen Mißverständnissen und Verzerrungen, die dieses Konzept seit seinem Vortrag aus dem Jahr 1959 erfahren hat, aufzuräumen.

So charakterisiert er Empathie auf einer ersten Ebene als Definitionskriterium für ein bestimmtes Erfahrungsfeld. Als Ansatzpunkt wählt Kohut hier die Unterscheidung zwischen Extro- und Introspektion. Extrospektion – der operationale Standpunkt eines Beobachters, um die externe Realität aufzunehmen – spielt für die Wissenschaften der äußeren Wirklichkeit eine Rolle, und zwar in Form der direkten oder (allerdings weniger häufigen) stellvertretenden Extrospektion. So könnten im Falle der stellvertretenden Extrospektion Wissenschaftler auf der Erde den im entsprechenden Gebiet nicht ausgebildeten Astronauten auf einem Planeten Anweisungen geben, wonach zu suchen ist, und diese würden ihre Beobachtungen jenen wieder beschreiben.

Im Falle der Introspektion werden per definitionem innere Daten beobachtet. Stellvertretende Introspektion ist für Kohut das Synonym für Empathie: Hier muß der Analytiker aufgrund der introspektiven Beschreibung des Patienten versuchen, herauszufinden, was in diesem vorgeht. In diesem Sinne ist Empathie nichts weiter als die Definition eines bestimmten Feldes.

Auf einer zweiten Ebene, meint Kohut, könnten Introspektion und Empathie als Informationsquellen für angemessene Handlungen gesehen werden. Wenn man sich nämlich in einen anderen einfühlt, sich in ihn hineinversetzt, so kann man dieses Wissen für seine Zwecke nutzen. Hinsichtlich dieses Punktes legt Kohut größten Wert auf die Feststellung, daß damit noch nichts über die Art der Zwecke oder Absichten ausgesagt ist! Ist man jemandem feindlich gesonnen und möchte denjenigen verletzen, so kann einen Empathie sehr gut über dessen wunden Punkt informieren.

Schließlich – und dies ist für Kohut der schwierigste Teil – ist Empathie auf einer dritten Ebene per se eine therapeutische Handlung im weitesten Sinne. Das Vorhandensein von Empathie in einer Umwelt, ob für gutartige oder sogar für äußerst destruktive Zwecke, besitzt immer eine Beigabe von etwas Positivem. M.a.W.: Es ist weniger schlimm, einem durch Empathie informierten Haß ausgesetzt zu sein als einem empathielosen Milieu, das einen von der Erde fegt.

Kohut differenziert hier noch einmal zwischen niedrigeren und höheren Formen der Empathie, indem er darlegt, daß die therapeutische Psychoanalyse nicht durch simples Verstehen heilt, sondern indem Deutungen gegeben werden. Deutungen sind für ihn »eine höhere Form der Empathie« (SfS 4 532), die nicht bloße intellektuelle Konstruktionen sind (dann würden sie nichts nutzen), sondern Rekonstruktionen der Kindheit aus der gegenwärtigen Übertragung heraus, die der Analytiker mit

Wärme und Verständnis für die Intensität der Gefühle vornimmt. Verstehen ist in diesem Zusammenhang nur der erste Schritt (die niedere Form der Empathie), auf den das Erklären in Form einer Deutung (als höherer Form, denn dieser zweite Schritt ruht auf dem ersten) folgt.

Aufgrund seiner differenzierten, dreigeteilten Perspektive des Empathiekonzeptes wehrt sich Kohut somit nachhaltig gegen eine Verkürzung auf die einseitige, simple und dadurch auch falsche Sicht einer »Heilung durch Einfühlung«.

In einem Gespräch wies Kohut auch auf die Relativität von Empathie hin, indem er darauf aufmerksam macht, daß »Empathie etwas ist, das abnimmt. Sie nimmt ab, je weiter die andere Person von einem selbst entfernt ist. Wir sind am einfühlsamsten bei Leuten unseres Alters, unserer eigenen Kultur und ähnlicher Herkunft.« (NEF 53) Letzten Endes gibt es jedoch Brücken der Ähnlichkeit, die ein Einfühlen ermöglichen, da es im Leben eines jeden Menschen bestimmte Grundsituationen gibt, die er mit anderen Menschen teilt und die als gemeinsame Erfahrungsgrundlage gegenseitiges Verstehen ermöglichen. An diesem Punkt der Ähnlichkeit sieht Kohut auch die Verbindung zwischen Empathie und Narzißmus, indem er Empathie als einen »Aspekt von Narzißmus« (NEF 53) ausgibt und diesen in dieser Richtung auslegt. »Er ist ein positiver Aspekt menschlicher Wesen. Er bezieht sich nicht nur auf des Menschen Bewußtsein seiner selbst, sondern auch auf seine Fähigkeit, sich selber in einer anderen Person zu erfahren, zu verstehen, wie sie empfindet. Die Empathie ist eine schöpferische Erweiterung des Selbst und deshalb ein Resultat der Entwicklung des Narzißmus. Mit anderen Worten: Einer der gesunden Aspekte des Narzißmus ist die Fähigkeit, andere Menschen auf der Grundlage der übergreifenden Ähnlichkeit, die wir miteinander haben, zu verstehen.« (NEF 53)

Kohuts Narzißmus-Buch aus dem Jahre 1971

Die introspektiv-empathische Wahrnehmung, die Kohut in früheren Überlegungen und z.T. in seinen Schriften aus den sechziger Jahren vorbereitet hatte, verschaffte ihm nun Zugang zu den narzißtischen Phänomenen und ermöglichte eine erste theoretische Einordnung. Insbesondere half ihm diese Einstellung als generelle analytische Haltung in der praktischen Arbeit mit Patienten und konnte so als Vorläufer des Verstehens der Gegenübertragungsreaktionen des Analytikers gegenüber der narzißtischen Übertragung des Patienten dienen.

»Gegenübertragung« nennt man in diesem Zusammenhang eine (affektive und/oder kognitive) Reaktion, die der Analytiker bei sich verspürt und im Hinblick auf das Übertragungsangebot des Patienten zu verstehen versucht.[49]

Kohut hatte bemerkt, daß sich als Gegenübertragungsreaktion auf eine bestimmte Form von narzißtischer Pathologie beim Analytiker häufig Langeweile sowie ein Mangel an Interesse und Aufmerksamkeit einstellen. Er benutzte den letzten Punkt, um sich über eine »Metapsychologie der Aufmerksamkeit« Aufschluß darüber zu geben. Demnach sind objektgerichtete Strebungen des Patienten eigentlich nie langweilig, bzw. sie erfordern keine große Anstrengung oder Aufmerksamkeit. Im Gegenteil: Selbst wenn noch unklar ist, worüber der Patient spricht, so fesselt die Beobachtung solcher objekt-triebhafter Äußerungen im allgemeinen den Analytiker, und er findet diese interessant.

Anders ist dies bei einem speziellen Fall narzißtischer Übertragungsäußerung, bei dem die Objektbesetzung fehlt. In diesem Fall, den Kohut später als Spezialfall einer narzißtischen Übertragung betrachten wird – denn es ist ganz und gar nicht so, daß *alle* narzißtischen Übertragungen es dem Analytiker schwermachten, eine Aufmerksamkeitsbesetzung aufzubringen –, komme es zu einer Verschmelzung des Größen-Selbst (s. weiter unten) mit den psychischen Repräsentanzen des Analytikers, die sich als archaische Bindung des Patienten an den Analytiker verstehen läßt. Die Formen, bei denen die Gefahr der Langeweile beim Analytiker auftritt, kennzeichnete er als »Zwillings-(Alter-Ego-) und Verschmelzungsformen der therapeutischen Wiederbelebung des Größen-Selbst« (N 310).

Bevor wir näher auf die unterschiedlichen Übertragungsformen narzißtischer Pathologie eingehen werden, soll Kohuts Erkenntnisweg noch kurz aufgezeigt werden.

Beispielhaft kann dies am Fall von Fräulein F. geschehen, den Kohut gegen Ende seines Narzißmus-Buches (N 320-332)[50] ausführlicher erläutert. Dieser Fall zeigt klar, wie Kohut – noch nicht im Besitz eines vollständigen Wissens um die narzißtische Übertragung – versucht, die Patientin mit Hilfe des ödipalen Modells zu verstehen und das Material demgemäß zu deuten. Außerdem erörtert er in großer Offenheit seine »vorübergehende Einfühlungsstörung« und kann sich über ein weiteres Stück Selbstanalyse, nämlich die Analyse dieses spezifischen Gegenübertragungswiderstandes, die besondere Pathologie dieser Patientin deutlicher machen.

Worin bestand nun das Problem von Fräulein F., und warum hatte Kohut solche (auch Einfühlungs-)Schwierigkeiten damit, deren Auflösung ihn letzten Endes dazu führte, seine theoretische Orientierung zu ändern und dabei eine Form der narzißtischen Übertragung zu entdecken?

Fräulein F., 25 Jahre alt, hatte sich wegen »allgemeinen Unbefriedigtseins« in Behandlung begeben. Sie hatte das Gefühl, anders als andere Menschen zu sein und trotz vieler Freundschaften niemandem wirklich nahezukommen. Sie litt unter plötzlichen Stimmungsschwankungen und großen Unsicherheitsgefühlen in bezug auf die Wirklichkeit ihrer Gefühle und Gedanken. Kohut meint, daß die Patientin nur deshalb überhaupt Objektbeziehungen einging, weil diese ihr die Flucht vor unerträglichen narzißtischen Spannungen ermöglichten. Tatsächlich war sie an Menschen nicht interessiert. Die Patientin hatte in der Kindheit eine depressive Mutter, bei der sie »weder Freude noch Zustimmung hervorrufen konnte. Im Gegenteil, wann immer das Kind versuchte, über sich zu sprechen, verschob die Mutter sehr subtil ihre Aufmerksamkeit auf ihre depressive Selbstbezogenheit, und das Kind war somit jener optimalen mütterlichen Zuwendung beraubt«, die geholfen hätte, die kindlichen Wünsche nach Beachtet- und Bewundertwerden zur Grundlage eines stabilen Selbstwertgefühls und der Freude an sich selbst zu machen. Diese letzten beiden Punkte, in Kohuts Sprache »Exhibitionismus« und »Größenvorstellungen«, sind Bestandteile des sog. »Größen-Selbst«, einer Konfiguration der normalen narzißtischen Entwicklung. Werden diese Bedürfnisse nicht hinreichend beachtet, so ergeben sich Fixierungen an das Größen-Selbst, d.h., die infantilen Wünsche nach Beachtung und Bewunderung verbleiben in ihrer archaischen Form, können nicht integriert werden und setzen sich in abgespaltener Form wieder durch.

Bei Fräulein F. war die Störung, also »die traumatische Fixierung an die kindliche Form des Größen-Selbst«, nicht so vollständig und schwerwiegend, weil die depressiven Zustände der Mutter nicht allzu extrem waren.

In der Analyse war Kohut inzwischen auf folgende Sequenz aufmerksam geworden: Fräulein F. kam in guter Stimmung und begann zu erzählen, kam zu Einsichten, und alles wies zunächst auf einen gutgehenden selbstanalytischen Prozeß hin. Allerdings meinte Kohut hier keine echte Selbstanalyse beobachten zu können, da er es nicht schaffte, »eine Einstellung interessierter Aufmerksamkeit zu behalten«. Statt dessen ließ sein Interesse häufig nach, seine Gedanken schweiften ab, und nur unter konzentrierter Anstrengung war er in der Lage, weiterhin zuzuhören. Zunächst schien ihm dies rätselhaft, da sich die Patientin doch mit objektbezogenen Inhalten beschäftigte, doch wurde ihm allmählich klar, daß »die Mitteilungen selbst anscheinend nicht an mich gerichtet waren und daß meine objektlibidinöse Aufmerksamkeit deshalb nicht spontan erweckt wurde«. Deutlich wurde weiterhin, daß die Patientin ein ganz bestimmtes Reagieren von ihm erwartete. Schwieg Kohut beispielsweise, so wurde die Patientin zornig und warf ihm vor, ihr nicht zu helfen. Sie wurde jedoch sofort ruhig und zufrieden, wenn er in solchen Momenten einfach wiederholte, was sie eigentlich schon gesagt hatte. Ging er aber auch nur einen Schritt über das von der Patientin Gesagte hinaus, so zürnte sie ihm mit schriller Stimme, daß er »alles, was sie aufgebaut hatte, zerstöre und die Analyse kaputtmache«.

Es wurde ihm klar, daß Fräulein F. ihm die Rolle zugewiesen hatte, bestätigend, zustimmend einfach da zu sein; theoretisch und auf die Entwicklungsperspektive bezogen hieß das, daß ihm eine bestimmte Rolle in der Welt eines sehr kleinen Kindes angewiesen worden war. Fräulein F. hatte begonnen, »ein archaisches, intensiv besetztes Selbstbild wiederzubeleben, das bis dahin in labiler Verdrängung gehalten worden war«. Von ihm als dem dazugehörigen Objekt dieser Selbstvorstellung wurde nur verlangt, daß er auf »ihre narzißtische Selbstdarstellung zu reagieren und ihr narzißtische Zufuhr durch Bestätigung, Widerspiegelung und Widerhall zu geben« habe.

Mit großer Offenheit gibt Kohut an dieser Stelle zu, daß es ihm zum damaligen Zeitpunkt nicht möglich gewesen ist, adäquat auf dieses Bedürfnis der Patientin zu reagieren, da »spezifische Faktoren in meiner eigenen Persönlichkeit zu Hindernissen wurden. Es war mir noch bis zu einem gewissen Grade wichtig, mich selbst narzißtisch im Mittelpunkt der Bühne zu sehen, was mit tiefen und alten Fixierungspunkten zusammenhing.« Es war ihm unerträglich, für die Patientin nur »eine unpersönliche Funktion« zu sein, die einzig in bezug auf den Exhibitionismus, also die Wünsche nach Beachtung und Bewunderung, der Patientin eine Bedeutung hatte. So nahm dann Kohuts Abwehr die psychoanalytische Theorie in ihren Dienst, indem er die Vorwürfe der Patientin im Hinblick auf eine ödipale Dramatik interpretierte – womit er aber nicht weiterkam.

»Ich glaube, ihre schrille Stimme führte mich letztlich auf den richtigen Weg. Ich erkannte, daß hierin die äußerste Überzeugung zum Ausdruck kam, Recht zu haben – die Überzeugung eines sehr kleinen Kindes –, die bis dahin niemals einen Ausdruck gefunden hatte.« Kohut verstand, daß er zur depressiven Mutter von Fräulein F. wurde, wenn er den selbstanalytischen Einsichten der Patientin nicht einfach nur zustimmend beiwohnte, sondern darüber hinausging und sich sozusagen selbst in den Mittelpunkt stellen mußte. So wie die Mutter früher alle Aufmerksamkeit auf sich zog und der Tochter keinen narzißtischen, d.h. das kleine Selbstwertgefühl bestätigend und bewundernd aufbauenden Widerhall liefern konnte. Aufgrund dieses Mangels wurde »ein archaisches, hochbesetztes Größen-Selbst in die Verdrängung« getrieben, »wo es der Modifizierung durch die Realität nicht zugänglich war und dem Ich als Quelle nicht annehmbarer narzißtischer Motive nicht zur Verfügung stand«. Das eigentliche Übertragungsangebot von Fräulein F. bestand demnach nicht so sehr in den Inhalten, sondern lag als *Struktur der Interaktion* in der analytischen Sitzung selbst begründet.

Obwohl es so aussieht, als würde Kohut dafür eintreten, daß der Analytiker dem Übertragungswunsch des Patienten nachkomme, damit der Patient eine »korrektive emotionale Erfahrung« (nach F. Alexander) machen könne, grenzt er sich deutlich von einem solchen technischen Vorgehen ab und betont, daß das analytische Ziel nicht Wunscherfüllung ist, sondern »Ich-Herrschaft auf der Grundlage von Einsicht, die im Rahmen (erträglicher) analytischer Abstinenz erworben wurde«.

Das von Fräulein F. in der Behandlung gezeigte Bedürfnis, ihr fixiertes Größen-Selbst in der Beziehung zu Kohut endlich adäquat angenommen, bewundert und bestätigt – »gespiegelt« – zu bekommen, nennt Kohut »Spiegelübertragung«. Kohut verstand, daß diese Patientin in der Übertragung kein libidinöses Triebobjekt aktualisierte, sondern auf der Suche nach einer von außen kommenden Funktion war, die ihr dabei helfen sollte, ihrem in seiner Entwicklung steckengebliebenen Selbst zu helfen. Aufgrund eines Entwicklungsdefizits war es dem Selbst von Fräulein F. nämlich nicht möglich, bestimmte Funktionen zu erfüllen, so daß sie Objekte brauchte, die diese Funktionen für sie ausübten und auf die sie aus narzißtischen (d.h. hier: das Selbst erhaltenden) Gründen angewiesen war. Kohut nennt ein solches Objekt »Selbst-Objekt«.

Wichtig war dabei, daß Kohut nicht von der psychoanalytischen Methode abwich, sondern aufgrund seiner Empathie (und Analyse der Gegenübertragung) in die Lage versetzt wurde, das Bedürfnis der Patientin zu erkennen und sich rekonstruktiv ihre Kindheitsgeschichte zu entwickeln, aufgrund deren er deutend eingreifen konnte.

Der Fall von Fräulein F. zeigt, wie wichtig Kohut die ihm dargebotenen Phänomene nahm; zunächst stellte er sich empathisch darauf ein, reflektierte in einem zweiten Schritt seine Gegenübertragung und konnte sich so – in dieser klinisch-theoretischen Weise – ein vertieftes Verständnis der Problematik dieser Patientin erarbeiten.

In seinem ersten Buch beschreibt Kohut seine Patienten, die ihn mit einem abweichenden Übertragungsangebot (im Gegensatz zur klassisch konflikthaft-objektalen Übertragungsform ödipal gestörter Menschen) konfrontierten, als leidend »an spezifischen Störungen im Bereich des Selbst und jener archaischen, mit narzißtischer Libido besetzten Objekte (Selbst-Objekte), die noch in enger Beziehung zum archaischen Selbst stehen (das heißt Objekte, die nicht als getrennt und unabhängig vom Selbst erlebt werden)« (N 19).

Schon in den fünfziger Jahren verwies Kohut auf die Differenz zwischen einem verdrängten Triebelement, das Befriedigung suche, und einem verletzten narzißtischen Ich (injured narcissistic ego), das Sicherheit und Beruhigung (reassurance) brauche. Er war bereits hier einem Verständnis der Natur der narzißtischen Problematik auf der Spur, indem er das *narzißtische Ich* fokussierte. Seine Wortwahl änderte sich dann 1965 ein wenig, als er den Begriff »narzißtisches Ich« durch »narzißtisches Selbst« ersetzte, um schließlich 1968 den Begriff des »Größen-Selbst« (grandiose self; mitunter auch als »grandioses Selbst« übersetzt) einzuführen.[51]

Wie stellte sich Kohut nun zum damaligen Zeitpunkt die psychische Entwicklung vor? Und vor allem: Wie sah seine genetische Konzeption des »Selbst« bzw. der »narzißtischen« Entwicklungslinie aus?

Aus dem bisher Ausgeführten dürfte klar geworden sein, daß Kohut im Aufbau dieser zentralen Organisation (des »Selbst«) den wichtigsten Faktor psychischer Entwicklung isoliert zu haben glaubt. Diese Struktur, zu deren Erfassung er sich des methodischen Einsatzes der Einfühlung (Empathie) bediente, um anhand der spezifischen Übertragungskonstellationen eine Rekonstruktion der subjektiven Kindheitsgeschichte (wie der Patient sie *erlebt* hat) anzustreben, wird ihm im Laufe seiner Arbeiten immer mehr zum Fokus der Einordnung psychischen Geschehens. Wenn Kohut daher von Narzißmus spricht, meint er immer die Entwicklung des Selbst, dessen Ausformung und Beschaffenheit. Über die Schwierigkeit, das Selbst eindeutig und klar zu bestimmen, hat Kohut bereits 1965 geschrieben: »Aber das Selbst im psychoanalytischen Sinne ist variabel, und seine Grenzen decken sich keineswegs mit den Grenzen der Persönlichkeit, so wie sie von einem Beobachter im sozialen Feld beurteilt werden. In bestimmten seelischen Zuständen kann sich das Selbst weit über die Grenzen des Individuums hinaus erstrecken, oder es kann zusammenschrumpfen und mit einer einzigen seiner Handlungen und Ziele identisch werden.« (ZdP 141 f.)

Kohut versucht bereits hier, ein abstraktes metapsychologisches Konzept – das Selbst – vom Erleben her zu beschreiben, d.h. in Begriffen, die nahelegen, sich selbst *einfühlend* zu vergegenwärtigen, was dieser theoretische Begriff wohl in einem selbst bezeichnen könnte. Gemeint ist hier ein fluktuierendes Gefühl für die eigenen Grenzen, für das, was wir – und genau dies wechselt – als zu uns gehörig empfinden. Man könnte sich vorstellen, daß dies in manchen Momenten der geliebte Partner ist oder die Mannschaft, der man beim Sport angehört; auf eine bestimmte Weise hätten sich dabei die Grenzen des Selbst verschoben. Dieses erweiterte Selbstgefühl, das uns im Erwachsenenalter in manchen seelischen Zuständen (der Liebe, der Euphorie etc.) noch zugänglich ist, ist Kohut zufolge ein Überbleibsel aus einer früheren psychischen Position, die gemeinhin in der Psychoanalyse mit dem Begriff des »primären Narzißmus« bezeichnet wird. Es wird angenommen, daß sich im Rahmen dieses Zustandes eine Unterscheidung zwischen Ich und Du für den Säugling noch nicht durchführen läßt, d.h., daß im Erleben dieses kleinen Individuums die Welt noch Teil seiner selbst ist. (Möglicherweise kann behauptet werden, daß Säuglinge *kognitiv* sehr wohl zu einer solchen Unterscheidung in der Lage sind, doch bezieht sich dieses Ergebnis der neueren Säuglingsforschung nicht auf das unbewußte *Erleben*, um das es hier geht.) Dieser früheste psychophysiologische Zustand des Kindes wird nach dem biologischen

Modell der pränatalen Einheit von Mutter und Kind gesehen, und es wird angenommen, daß es sich hierbei um Gefühle von Behagen, Harmonie, Spannungslosigkeit, Sicherheit und Geborgenheit handelt.[52] Allerdings wendet sich Kohut gegen eine Annahme des primären Narzißmus in der Frühzeit, wo eine eigentlich psychologische Betrachtungsweise noch keine Anwendung finden könne. (ZdP 167 Anmerkung 3)

Er geht in seiner Entwicklungstheorie des narzißtischen Systems davon aus, daß auf das Stadium des Autoerotismus, das er als eine Stufe der Körper-Selbst-Kerne des *fragmentierten* Körper-Selbst faßt, die Stufe des *kohärenten* Körper-Selbst folgt. Erst auf dieser zweiten Stufe spricht er dann von Narzißmus als Etablierung eines kohärenten und strukturierten gesamten psychischen Selbst. (N 245) Damit ist die Vorstellung angesprochen, daß sich eine erste, archaische Form des Selbst aus zunächst verschiedenen, diskreten Selbst-Kernen bildet, wobei zu vermuten ist, daß Kohut sich hier an den frühen Gedanken von Glover orientiert. (N 48 Anmerkung 15) Da Kohut diesen ersten organisierenden Schritt der psychischen Struktur nicht ausführlich erläutert, halte ich es für hilfreich, die Gedanken Glovers kurz darzustellen.[53] Obwohl Glover sich mit seinen Überlegungen auf den Aufbau des »Ich« bezieht, können diese Ausführungen unschwer auch auf das bezogen werden, was Kohut mit dem »Selbst« meint; zudem sollte berücksichtigt werden, daß zum damaligen Zeitpunkt die Diskussion, die die semantischen Probleme des frühen Ichbegriffs oder dessen Differenzierung vom Selbst als psychische Repräsentanz der ganzen Person betrifft, noch nicht geführt wurde.

Glovers Auffassung über die frühe psychische Struktur ist triebtheoretisch gefaßt und läßt sich kurzgefaßt etwa so umreißen: In den ersten Lebenswochen erfährt die primitive Psyche vielerlei Triebimpulse, ebenfalls noch undifferenzierter, archaischer Natur. Aufgrund des Umganges mit den unvermeidlichen Situationen der Nicht-Befriedigung dieser Triebe ist sie gezwungen, Reaktionen und Tendenzen auszubilden, die sich als unbewußte Mechanismen verfestigen und als künftige Reaktionspotentiale niederschlagen. Da Triebe aus unterschiedlichen körperlichen Zonen und Organen (Quellen) stammen und verschieden zusammengesetzt sein können, beschreibt Glover die primitive (Ich-)Struktur als multi-nuklear (mit vielen Kernen) oder multi-locular (vielfach lokalisiert). Diese Kerne versteht er als psychische Niederschläge der Reaktionen der primitiven Struktur und der Trieb-Objekt-Erfahrungen, ungeachtet dessen, ob zu diesem Zeitpunkt getrennte Objekte überhaupt wahrgenommen werden können. Aus diesem Umgang mit Triebreizen, die sich auf Objekte beziehen, und den Reaktionen (unbewußten Mechanismen) der frühen (Ich-/Selbst-)Struktur werden Erfahrungsniederschläge gebildet, die sich in Gedächtnisspuren organisieren und die wiederum die Matrix für die Ichkerne bilden. Ein Ichkern bestünde somit aus den jeweiligen Reaktionen (Antworten) auf einen jeweils spezifischen Triebreiz, dessen Ziel (Befriedigung) sich an einem Objekt ausrichtet. Diese einzelnen Ichkerne, von ihm auch »Miniatur-Iche« genannt, werden von Glover noch im Hinblick auf ihre dynamische Funktion im Rahmen der Triebtheorie näher charakterisiert.

Kohut macht darauf aufmerksam, daß man hier auch von einem Stadium der Selbst-Kerne sprechen könnte, welches Freuds Autoerotismus entspreche; er selbst benutzt jedoch den Ausdruck »Stadium des fragmentierten Selbst«. (N 48)

Im Laufe der fortschreitenden Entwicklung kommt es zu einer zunehmenden Verschmelzung der einzelnen Kerne (aufgrund einer angeborenen synthetischen Funktion der Psyche) bis hin zu einer mehr oder weniger kohärenten und komplizierten Ichstruktur. Wichtig ist, daß diese Kerne in den frühesten Phasen teilweise Autonomie besitzen, die später, z.B. unter Bedingungen der Regression, dazu führen kann, daß ein Kern versucht, sich des psychischen Apparates zu bemächtigen. So tendiert diese Ichstruktur unter emotionalem Streß (der regressiv wirken kann) zur Spaltung und ermöglicht so bestimmten Kernen, die im Rahmen früherer Konflikte Fixierungsstellen aufweisen, Ausdrucksmöglichkeiten eventuell pathologischer Natur.

Damit sind implizit bereits zwei aufeinander bezogene Dinge angesprochen: einmal die ätiopathogenetische Vorstellung, daß ein früher Mangel an Integration Ursache bzw. Disposition im Sinne des Fixierungskonzeptes für eine spätere Psychopathologie sein kann; und zweitens das therapeutische Vorgehen, das darin bestehen müßte, den abgespaltenen (oder nur mangelhaft integrierten) Anteil wieder mit der restlichen Organisation so zu versöhnen, daß eine kohärente Struktur Verhalten und Erleben des Individuums (unter Einbezug der äußeren Realität) bestimmt. Damit wäre auch Kohuts Ansatz in verkürzt schematischer und abstrakter Weise bestimmt.

Das Selbst ließe sich somit definieren als Niederschlag von Wahrnehmungen, die die eigene Person betreffen und im Rahmen von Trieb- und Objekterfahrungen in Form einer Struktur (aber zu Beginn des psychischen Lebens wohl mit noch nicht auseinanderdifferenzierten Selbst- und Objektrepräsentanzen) niedergelegt wurden.

Im Narzißmus-Buch verfolgt Kohut noch eine solche, eher traditionell triebtheoretische Perspektive, die insofern dem Freudschen Grundgedanken aus dessen Narzißmus-Arbeit von 1914 Rechnung trägt, als er dort das Konzept eines Selbst vertritt, das mit triebhafter Energie, also libidinös, besetzt werden kann, mithin Triebobjekt wird.

Kohut bewegt sich zu diesem Zeitpunkt durchaus noch im Rahmen traditioneller Freudscher Auffassungen und versucht, seine Beobachtungen im Rahmen der psychoanalytischen Metapsychologie zu formulieren, doch meint er auch, zu Schlußfolgerungen gelangt zu sein, »die über den von Freud geschaffenen Rahmen hinausgehen« (ZdP 141). So wird in seiner Betrachtungsweise Narzißmus nicht durch das Ziel der Triebbesetzung bestimmt, sondern durch die *Qualität* dieser Besetzung. Damit meint Kohut eine bestimmte Form des Erlebens, die im Hinblick auf Objekte (die narzißtisch besetzt sind) eine weniger große Trennung bedeutet, denn man glaubt (i.S. unbewußten Erlebens), eine gewisse Kontrolle über dieses Objekt ausüben zu können. Ein solch narzißtisch besetztes Objekt nennt Kohut, wie bereits erwähnt, »Selbstobjekt«.

»Diese erwartete Kontrolle über diese anderen (Selbstobjekte) ist der Vorstellung der Kontrolle näher, die ein Erwachsener über seinen eigenen Körper und seine eigene Seele hat, als der Vorstellung von der Kontrolle, die er über andere ausüben kann.« (N 45)

Kohut meint, mit Hilfe seiner Entwicklungstheorie der narzißtischen Linie die Vorläufer, d. h. genetisch frühere Formen solchen Erlebens beschreiben zu können, somit das Spätere aus dem Früheren erklären zu können.

Von Narzißmus kann nach Kohut erst dann gesprochen werden, wenn sich die noch unzusammenhängenden, fragmentierten Selbst-Kerne zu einem kohärenten Selbst zusammengeschlossen haben. Vorher – im Bereich des fragmentierten Selbst – liegen Fixierungsstellen für Psychosen und Borderlinestörungen, die er für unanalysierbar und deren Träger er für nicht fähig erachtet, eine Übertragung zu entwickeln. Das gewisse Maß einer Besetzungskonstanz eines Objektes sei auf dieser Stufe noch nicht erreicht; erst später komme es zu dieser relativen Stabilität, die auch notwendig sei, um (bei einer narzißtischen Persönlichkeitsstörung) spezifische Übertragungsverschmelzungen mit dem Analytiker herzustellen, die sich analysieren lassen.

Die Gefühle der Vollkommenheit und der grenzenlosen Harmonie im Stadium des primären Narzißmus können aufgrund der unlustbereitenden Einwirkung der Realität und der Begrenztheit der mütterlichen Pflege und ihres Schutzes irgendwann nicht mehr aufrechterhalten werden, so daß der frühe kindliche Narzißmus einen ersten Schlag erleidet. Denn das Kind erlebt am Anfang die fürsorgliche Mutter nicht als ein Du, sondern im Rahmen einer Welt, in der es keine Ich-Du-Trennung gibt und die Betreuung und Erfüllung seiner Bedürfnisse (Wünsche) eine Selbstverständlichkeit darstellen. Das Kind erlebt die es pflegende Mutter also eher wie der Erwachsene seine Körperbeherrschung.

In dieser Zeit der beginnenden ersten Differenzierung zwischen Selbst und Objekt entstehen für das Kind Unlust und Spannung, wenn die Mutter seinen Wünschen nicht so perfekt und vollkommen entspricht, wie es das kleine Kind wünscht. So kommt es zu Situationen, in denen sich das Kind gekränkt fühlt und zum ersten Mal dunkel eine Ahnung seiner Machtlosigkeit erfährt. Anfänglich mag es sich noch mit Hilfe der »halluzinatorischen Wunscherfüllung« (Freud) über solche Erlebnisse hinwegtrösten und diese verleugnen können, doch wird sich allmählich und unabweisbar die trennende Kluft zwischen Innen- (Selbst) und Außenwelt (Mutter) bemerkbar machen. Die seelische Organisation des Kindes ist aber dennoch bestrebt, den ursprünglichen Zustand des narzißtischen Gleichgewichts aufrechtzuerhalten und versucht dies, indem sie sich »neue Systeme der Vollkommenheit« (ZdP 142) errichtet. Kohut zufolge stehen dem Kind hier prinzipiell zwei Möglichkeiten zur Verfügung: Der Säugling kann einmal alles Lustvolle, Gute und Vollkommene als zu sich selbst gehörig betrachten (Freuds »purifiziertes Lust-Ich« als erste, noch rudimentäre Selbst-Vorstellung) und das Schlechte und Unlustvolle »draußen« ansiedeln. Dieser erste Versuch, die verlorene Allmacht wieder zu etablieren, zeigt sich also in einem Aufbau einer ersten, noch wenig strukturierten, aber klar differenzierten Vorstellung des eigenen archaischen Selbst als gut, vollkommen und allmächtig, während der unvollkommene, fehlerhafte Rest abgespalten und in die Außenwelt projiziert ist. Hier liegen die Anfänge des narzißtischen Selbst bzw. des Größen-Selbst, dessen unbewußte Phantasie sich mit dem Satz »Ich bin vollkommen. Alles Unvollkommene gehört nicht zu mir« ausdrücken ließe.

Die andere Lösung besteht darin, das ebenfalls noch archaische, rudimentäre Du, also die pflegende Person, mit großartiger Macht und Perfektion auszustatten und in Form dieses Idealisierungsvorganges an deren Vollkommenheit teilzuhaben. In Worten ausgedrückt: »Du bist vollkommen, und ich bin ein Teil von Dir.« Kohut nennt diese narzißtische Konfiguration »idealisierte Elternimago« (ZdP 142)[54] und sieht sie als Gegenstück zum Größen-Selbst, wiewohl beide von Anfang an gemeinsam bestehen und zum Teil unabhängige Entwicklungslinien bilden. So sind beide Wege Möglichkeiten, den verlorenen Narzißmus zu ersetzen, die er für ubiquitär und charakteristisch für die normale, nicht-pathologische Entwicklung hält. Unter optimalen Entwicklungsbedingungen sollte der Exhibitionismus und Größenwahn des Größen-Selbst schrittweise »gezähmt« und diese Bildung letztlich in die Persönlichkeit »integriert« werden, wo sie später dynamischen Wert im Hinblick auf gewisse ich-syntone Ziele (Ziele, denen das Ich zustimmen kann) erhält und zur Selbstachtung beiträgt. Ebenso sollte die idealisierte Elternimago in die bestehende Struktur integriert werden können, wo sie später zur Idealisierung des Über-Ich beiträgt und so ein wichtiger Bestandteil für die Bildung von Idealen und Werten einer Person wird.

Kohut entdeckt, daß das erste Selbstobjekt (in der Regel die pflegende Mutter) eine ganz entscheidende Rolle in der Frühphase der Entwicklung spielt, da es nur unter seinem entwicklungsfördernden Einfluß dazu kommt, daß das Kind den Schritt aus dem Stadium des Erlebens einzelner Teile und Funktionen in den Bereich des zusammenhängenden körperlich-seelischen Selbsterlebens machen kann. Seine Behauptung ist, daß es die verschiedenen Reaktionen der Mutter sind, die das Etablieren eines einheitlichen, festen Selbst beim Kind fördern oder hemmen. Er meint, daß die Reaktionen einer freudigen und glücklichen Mutter auf das Kind als ganzes die Selbstentwicklung unterstützen. So erweist sich beispielsweise der einfache Vorgang, daß eine Mutter ihr Kind beim Namen nennt, als ganzheitsfördernd. Dabei beeinflußt die Art und Weise, wie eine Mutter ihr Kind beim Namen ruft, »entscheidend den Gefühlston der ersten Erfahrungen des Kindes von seinem kohärenten Selbst [...]. Hört das Kind seinen Namen als Ausdruck der anerkennenden Freude der Mutter, während diese ihre Aufmerksamkeit auf seine totale Gegenwart richtet? Oder hört es seinen Namen nur, wenn es die Mutter geärgert hat? Oder schließlich, ruft sie es gar nicht bei seinem Namen, als äußeres Anzeichen ihres Mangels an emotional bedeutsamem Interesse für das Kind?« (ZdP 257 f.)

Ein weiterer Hinweis auf die postulierte Entwicklungssequenz vom Autoerotismus (Stadium einzelner Teile und Funktionen) zum Stadium der Selbst-Kohärenz (Narzißmus) ist das von Mutter und Kind gespielte Spiel »Das ist der Daumen, der schüttelt die Pflaumen, der steckt sie in den Sack, der nimmt sie huckepack, und der kleine Schlingel ißt sie alle auf«, das eines von Kohuts Lieblingsbeispielen für diesen Schritt in Richtung Integration darstellt. Er sieht den Erfolg dieses Spieles, das mit dem Trennen und Isolieren einzelner Körperteile (der Finger des Kindes) spielt, in einem psychoökonomischen Faktor begründet, der mit dem Beherrschen leichter Fragmentierungsängste zusammenhängt. Als Grundlage der Freude an diesem Spiel sieht er ein zwar bereits begründetes Selbstgefühl an, das jedoch noch unsicher ist, somit keine vollständige Kohärenz ausgebildet hat. Indem die Mutter eine Ganzheit (die Hand des Kindes) scheinbar wieder zu einzelnen Teilen zerlegt, ruft sie leichte Auflösungsängste bei ihrem Kind hervor. Das Kind erlebt in gewisser Weise eine geringe Besorgnis (die sich in einem unlustvollen Spannungsgefühl ausdrückt), die es zunächst (natürlich auch mit Hilfe der Mutter) aushalten muß. In Ausdrücken der triebpsychologischen Metapsychologie, der sich Kohut zu diesem Zeitpunkt noch verpflichtet fühlt, formuliert, heißt das, daß das Kind hier Spannungstoleranz und die »Beherrschung spezifischer traumatischer Zustände« (ZdP 258) lernt. Allerdings kommt es hierbei wesentlich auf das Verhalten der Mutter an, muß diese doch ein empathisches Verständnis für den Spannungszustand des Kindes ausbilden und ständig darauf achten, daß es gerade noch fähig ist, diese Bedrohung seines neu gebildeten, aber noch schwachen Selbst zu ertragen. Sie muß die Spannung in einer für das Kind noch erträglichen Grenze halten, indem sie beispielsweise sein besorgtes, fragendes Gesicht beobachtet; »und wenn sie beim letzten Finger angekommen sind, machen die einfühlende Mutter und das Kind die Fragmentierung ungeschehen, indem sie sich in lachender Umarmung vereinen« (N 144).

Damit gibt Kohut bereits ein Beispiel dafür, wie »optimale Frustration« zu schrittweiser Spannungstoleranz und dem Aufbau neuer psychischer Strukturen führt (vgl. auch ein anderes Lieblingsbeispiel Kohuts, »The Peek-A-Boo Game«, CoL 163f. und 167f.). Indem die Mutter für das Kind Funktionen übernimmt, die es selbst noch nicht ausüben kann, fungiert sie als ein Selbstobjekt; und so kann diese Sequenz als Illustration der Kohutschen Sichtweise dienen, daß der Mensch von Geburt an bis zu seinem Tod in einer Matrix von Selbstobjekten lebt, die er zum psychologischen Überleben genauso braucht wie den Sauerstoff zum Atmen. (SR 478) Deutlich wird durch dieses Beispiel auch schon eine Linie, die Kohut in seinen späteren Schriften stärker herausarbeiten wird, nämlich daß das Selbst in einer empathischen Umgebung entsteht und daß es diese empathische Beziehung der Mutter zu ihrem Kind ist, die über die genaue Dosierung einer »optimalen Frustration« (»optimal« heißt: »stufenweise Versagung bei gleichzeitiger liebender Stützung«; ZdP 149) dem noch unsicher etablierten Selbst eine Strukturbildung auf der Grundlage einer »umwandelnden Verinnerlichung (transmuting internalization)« (N 69f.) erlaubt. Kohut beschäftigt sich in seinem ersten Buch mit der Klärung dieser Prozesse ausschließlich auf der Basis sehr komplexer metapsychologischer Überlegungen, die wir hier übergehen können, da auch er selbst bereits einige Jahre später einen eigenen konzeptuellen Rahmen zur theoretischen Lösung dafür schaffen wird (dem wir uns weiter unten ausführlicher widmen wollen).

Wesentlich scheint es mir, sich genauer anzusehen, wie Kohut in dieser Phase seiner theoretischen Entwicklung die empathische Beziehung zwischen Mutter und Kind konzeptualisiert und welche Bedeutung er diesem frühesten Austausch im Hinblick auf die narzißtische Linie der psychischen Entwicklung beimißt.

Im wesentlichen steht Kohuts Entwicklungskonzeption eines Selbst in der Tradition der Psychoanalyse, indem hier der klassisch genetische (d.h. entwicklungsmäßige) Gesichtspunkt ins Zentrum gerückt ist. (Wir werden sehen, daß Kohut diesen Aspekt auch in den späteren Schriften beibehält, während eine andere metapsychologische Betrachtungsweise – die psychoökonomische – von ihm aufgegeben wird.) Den Grund für diese Zentralstellung findet Kohut im Rahmen seiner klinischen Beobachtungen: Denn die Erfahrungen in der »Periode der Bildung des Kern-Selbst und des Selbst Objekts« (ZdP 246) werden

»zum Prototyp der spezifischen Formen unserer späteren Verletzbarkeit oder Sicherheit im narzißtischen Bereich« (ZdP 214).

Kohut betont die Wichtigkeit der wechselseitigen Beziehung zwischen dem Kind und seiner Umgebung gerade im Hinblick auf die Ausbildung des Selbst (bezüglich seiner Kohäsion) und der idealisierten Strukturen und weist darauf hin, daß die narzißtischen und objektalen Triebregungen im Kind »durch korrespondierende Einstellungen der Eltern zu ihm ergänzt werden« (ZdP 207). Damit ist ausgesprochen, daß auch die Eltern Aufgaben in der Entwicklung zu übernehmen haben, die Kohut spezifisch für die narzißtische Linie herausarbeitet und deren Nichterfüllung zu späterer Psychopathologie disponieren kann. So kann nun die Pathologie der narzißtischen Persönlichkeitsstörungen auch genetisch eingeschätzt werden. »Die eigentliche seelische Erkrankung dieser Individuen betrifft das Selbst. Sie sind in der Aufrechterhaltung eines kohäsiven Selbst bedroht, weil ihnen in früher Kindheit die adäquaten bestätigenden Reaktionen – z.B. das ihr Dasein freudig widerspiegelnde Lächeln der Mutter (›mirroring‹) – von der Umgebung versagt wurden.« (ZdP 216) Dieses »mirroring« (Spiegeln) seitens der Umwelt ist in dieser frühen Phase als konstitutiv für den Aufbau des Selbst anzusehen, wie es auch zugleich mit dem kindlichen Bedürfnis (nach »Spiegelung«) *korrespondiert*.

Die Metapher der Spiegelung wird von Kohut häufig verwendet; am bekanntesten ist wohl seine poetische Beschreibung in dem Ausdruck »Glanz im Auge der Mutter« (N 141; ZdP 149 und 184), mit dem er eine Art »narzißtischer Speisung von seiten der Mutter« (ZdP 149) meint, d.h., die Mutter soll ihre Freude an der gerade gewonnenen Einheit, der Selbst-Werdung des Kindes ausdrücken. Der Glanz im Auge der Mutter ist notwendige Stärkung des kleinen Selbst nach der seelischen Ablösung aus dem Mutter-Kind-System, eben stärkende narzißtische Zufuhr zur

Aufrechterhaltung des noch unsicheren Zusammenhalts. In gewisser Weise ließe sich auch sagen, daß das Kind diese mütterliche Aufmerksamkeit und Freude *fordert*, indem es sich exhibitionistisch zur Schau stellt, um von der Mutter widergespiegelt zu werden. Letzten Endes können aber auch alle anderen Formen der mütterlichen Anteilnahme an der narzißtischen Glückseligkeit des Kindes, die seine Selbstachtung stärken, unter den Spiegel-Begriff subsumiert werden. Psychoanalytisch betrachtet und in stärker technisch-theoretischen Termini ausgedrückt, ist es natürlich das grandiose Selbst, das gespiegelt werden will und muß, um wachsen und stärker werden zu können. Denn das narzißtische Gleichgewicht zu regulieren ist seine Aufgabe, die es nur im Rahmen eines Selbstobjektmilieus ausüben kann. Da die Struktur noch fehlt, müssen empathische Selbstobjekte zur Verfügung stehen, die diese »spiegelnden« Funktionen (bewundern, bestätigen, trösten, beruhigen etc.) übernehmen. Narzißtische Besetzung des Selbstobjektes heißt Kohuts Erklärung im Rahmen der klassischen Metapsychologie für den Tatbestand, daß diese »Objekte« eigentlich keine sind, d. h., sie werden vom Kind nicht als getrennte, eigenständige Individuen, die selbst Interessen verfolgen könnten, wahrgenommen, sondern als Teil des eigenen Selbst.

»Wird jedoch die Entwicklung des grandiosen Selbst traumatisch gestört, dann kann die psychische Struktur von der weiteren integrativen Teilnahme an der Entwicklung der Persönlichkeit abgeschnitten werden. In einer archaischen Form unsicher verdrängt, ist sie einerseits von jedem weiteren äußeren Einfluß abgeschnitten; andererseits aber fährt sie fort, die realistische Anpassung durch wiederholtes Eindringen in das Ich zu stören.« (ZdP 184) Versagt also die mütterliche Umgebung in ihrer Spiegelfunktion gegenüber dem grandiosen Selbst, dann wird für das Kind nicht die notwendige Auswahl und Begrenzung seiner Strebungen erreicht, indem diese langsam mit der Wirklichkeit konfrontiert und in realistische Formen überführt werden; dann bleibt der archaische Charakter des grandiosen Selbst – in abgespaltener Form – erhalten. Kohut stellt sich vor, daß infolge »schwerer narzißtischer Traumen« die Integration des grandiosen Selbst gestört ist und dieses nicht »mit dem relevanten Ichgehalt« (ZdP 173) verschmelzen kann. Normalerweise, so Kohut, ist die Mutter genügend auf die Bedürfnisse des Kindes eingestellt, so daß traumatische Verzögerungen infolge mütterlicher Fehler sich in erträglichen Grenzen halten, und das Kind kann »schrittweise das ursprünglich grenzenlose und blinde Vertrauen seines Verlangens nach absoluter Vollkommenheit modifizieren« (N 85). Kleinere Verzögerungen, Mißverständnisse oder minimale Einfühlungsstörungen sind sogar förderlich in dem Sinne, daß die »unvermeidlichen Mängel mütterlicher Fürsorge« (ZdP 173) das ursprünglich vollkommene Gleichgewicht stören und nach dem Prinzip der optimalen Versagung zur Bildung innerer Strukturen anregen, »die die Fähigkeit zur Selbsttröstung und zum Erwerb einer ersten Spannungstoleranz im narzißtischen Bereich ermöglichen« (N 86). Ist die mütterliche Umgebung jedoch zu unzuverlässig und zu wenig einfühlsam und erfüllt die notwendigen Selbstobjektfunktionen nur ungenügend, dann ist keine strukturbildende umwandelnde Verinnerlichung (transmuting internalization) der archaisch-grandiosen Ansprüche möglich. Die Folge ist eine narzißtische Verwundbarkeit und Fixierung im narzißtischen Bereich der Persönlichkeit, die sich sehr verschieden äußern kann und von der Schwere der traumatischen Verwundung abhängt. Kohut meint, daß die Symptome »im allgemeinen in einer Überempfindlichkeit gegen Störungen des narzißtischen Gleichgewichtes bestehen mit einer Neigung, auf die Ursachen narzißtischer Beeinträchtigung mit einer Mischung von totalem Rückzug und rachsüchtiger Wut zu reagieren« (N 86).

Für die Entstehung solcher narzißtischen Verwundbarkeit beim Kind macht Kohut »spezifisch pathogene Elemente« in den Persönlichkeiten der Eltern als Folge einer eigenen gestörten narzißtischen Entwicklung verantwortlich. (N 87) Insbesondere eine narzißtische Persönlichkeitsstruktur der Mutter erklärt den häufigen Befund, daß das Kind entwicklungsmäßig zu lange ein Teil des narzißtischen Milieus der Eltern bleibt. Allerdings weist Kohut auch dem Vater eine maßgebliche Rolle für die Entwicklung, vor allem in den späteren Phasen, zu. »Wenn auch er [der Vater] wegen eigener narzißtischer Fixierungen unfähig ist, einfühlend auf die Bedürfnisse des Kindes zu reagieren, dann vertieft er die Schädigung; wenn jedoch seine psychische Struktur gut abgegrenzt ist und er z.B. in der Lage ist, sich erst vom Kind idealisieren zu lassen und dann dem Kind schrittweise zu gestatten, seine wirklichen Begrenzungen zu entdecken, ohne sich dem Kind zu entziehen, dann kann das Kind sich seinem gesunden Einfluß öffnen, sich mit ihm gegen die Mutter verbünden und verhältnismäßig ungeschädigt davonkommen.« (N 87f.) Damit drückt Kohut die Vorstellung aus, daß in einer gelungenen Selbstobjektbeziehung zum Vater (der als idealisierte Elternimago fungiert) frühere Schädigungen durch eine nicht einfühlsame, traumatisierende Mutter im Bereich des Größen-Selbst wieder aufgefangen werden können. Hier spricht Kohut den anderen der beiden Hauptwege der narzißtischen Entwicklung an: den der Idealisierung. Hinsichtlich des Begriffes (und anderer Ausdrücke wie: idealisierende Libido, idealisierende Besetzung, idealisierender Narzißmus oder Idealisierung des Über-Ich) stellt Kohut ausdrücklich klar, daß er sich »ausschließlich auf die subjektive Weise, mit der ein äußeres Objekt (das idealisierte Objekt) oder die Funktionen einer psychischen Instanz (das idealisierte Über-Ich) empfunden werden« (N 62, Anmerkung), bezieht. Die Idealisierung des Objektes ist für das Kind der andere Weg, das gestörte narzißtische Gleichgewicht wiederherzustellen, indem es seine ursprüngliche Vollkommenheit dadurch zu retten versucht, daß diese jetzt einem archaischen, nur unscharf wahrgenommenen Objekt zugeschrieben wird. Allmacht und Vollkommenheit sind nun qua Idealisierung auf das Objekt (die Elternimago) übergegangen, so daß das Kind sich schwach und wertlos fühlt, wenn das Objekt nicht da ist. Aus solchen – selbstregulativen – Notwendigkeiten entspringt für das Kind das Bedürfnis, eine Verbindung mit diesem konstant aufrechtzuerhalten. Die Idealisierung ist also ein notwendiger Zwischenschritt in der normalen Entwicklung, bevor sich psychische Strukturen bilden, die Kohut als Niederschläge solcher Erfahrungen auffaßt. Üblicherweise ist es für das Kind möglich, aufgrund sukzessiver gradueller Enttäuschung durch das idealisierte Objekt zu einer realistischen Bewertung der Elternfiguren zu gelangen. Dies ermöglicht es ihm, langsam die idealisierend-narzißtische Besetzung abzuziehen und für den Aufbau eigener Strukturen, wie des Über-Ich, zu verwenden. Gerade der Vollkommenheitsaspekt der Werte und die Macht der Normen, die das Über-Ich repräsentieren (und die einen großen Einfluß auf die psychische Ökonomie des Selbstwerterlebens besitzen), lassen sich durch diese narzißtische Komponente seiner Entstehung gut erklären. (ZdP 175) Der Erwerb dauerhafter psychischer Strukturen geschieht durch Verinnerlichungsprozesse (transmuting internalization), so daß dann Aufgaben intrapsychisch übernommen werden können, die zuvor an die Existenz des idealisierten Selbstobjektes gebunden waren. Bis jedoch ein idealisiertes Kern-Über-Ich fest etabliert ist, bleibt die idealisierte Elternimago verwundbar. So kann eine traumatische Enttäuschung durch das idealisierte Objekt den Verinnerlichungsprozeß empfindlich stören, so daß das Kind – anstatt eine psychische Struktur zu etablieren – an das archaische Objekt fixiert bleibt und die Persönlichkeit immer auf der Suche nach Objekten ist, die als Ersatz für die fehlende intrapsychische Funktion dienen müssen. Kohut beschreibt anschaulich den narzißtischen Charakter einer solchen (Selbst-)Objektbeziehung: »Sie [die Objekte] werden nicht um ihrer Eigenschaften willen geliebt, und ihre Aktionen werden nur undeutlich wahrgenommen; sie werden vielmehr benötigt, um die Funktionen eines Segments des seelischen Apparates zu übernehmen, das sich in der Kindheit nicht ausbilden konnte.« (ZdP 176) Kohut erklärt auf diese Weise auch eine bestimmte Form der Drogenabhängigkeit, bei der Menschen »an einzelne Aspekte archaischer Objekte fixiert« (N 66) bleiben. Aber auch andere, manifest disparate Phänomene wie bestimmte Perversionen, kriminelles Verhalten oder die Sehnsucht nach einer mystischen Vereinigung mit idealisierten, omnipotenten Führern können als Versuch, Defekte in der psychischen Struktur auszufüllen, verstanden werden.

Für die Entstehung solcher Fixierungen an archaische Objekte macht Kohut traumatische (d.h. zu intensive und plötzliche oder nicht phasengerechte) Enttäuschungen verantwortlich, aber auch das Paradox, daß »die uneinfühlsame Bescheidenheit eines Elternteils [...] das phasenentsprechende Bedürfnis des Kindes, ihn zu verherrlichen, traumatisch frustrieren kann« (N 63). Die Eltern sollten sozusagen auch partiell an ihrer eigenen langsamen Entidealisierung mitarbeiten, interpretiert man den Satz, daß »einfühlende Eltern ihre Fehler schrittweise zugeben« (N 60), in dieser Richtung.

Bevor wir die Darstellung von Kohuts theoretischer Position im Narzißmus-Buch beenden können, sind jetzt noch einmal genauer die narzißtischen Übertragungen (unser Ausgangspunkt und Kohuts erkenntnistheoretischer Zugang zu den rekonstruierten Entwicklungssequenzen) zu betrachten und mit der skizzierten Entwicklung in Verbindung zu bringen.

Wie schon vermutet werden konnte, bezieht sich der bereits

im Zusammenhang mit Fräulein F. erwähnte Begriff der »Spiegelübertragung« auf die Reaktivierung des grandiosen Selbst und ist als Wiederbelebung dieser frühen Phase der Entwicklung zu verstehen, in der narzißtische Fixierungen stattgefunden haben und bestimmte Bedürfnisse abgespalten werden mußten. Kohut unternimmt es, im Hinblick auf die narzißtischen Übertragungen jeweils eine Dreiteilung im Sinne einer präziseren Differenzierung der Entwicklung vorzunehmen. Die drei Formen der Spiegelübertragung beziehen sich somit auf bestimmte Entwicklungsabschnitte des Größen-Selbst, aufsteigend von einer archaischen bis hin zu einer differenzierteren Stufe: der eigentlichen Spiegelübertragung. Es mag etwas verwirrend sein, da Kohut den Begriff der Spiegelübertragung einmal als Oberbegriff für alle drei Formen verwendet, aber auch für die Aktivierung einer bestimmten Entwicklungsstufe des Größen-Selbst in der Übertragung.

Seines Erachtens können also drei Stadien in der Entwicklung des grandiosen Selbst, die sich auch in unterschiedlichen Übertragungsformen niederschlagen, unterschieden werden:

1. Die archaischste Form beinhaltet das Objekt in einem noch rudimentären Selbst, wobei im Erleben noch nicht zwischen Objekt und Selbst unterschieden werden kann. Dieses Stadium ist aus der sog. Verschmelzungsübertragung (die durch Ausdehnung des grandiosen Selbst entsteht) rekonstruiert. In der analytischen Situation handelt es sich hierbei um das »Erlebnis des Größenselbst, das zuerst regressiv seine Grenzen verwischt, um den Analytiker mit einzuschließen, und das dann, wenn diese Erweiterung seiner Grenzen erreicht ist, die relative Sicherheit dieser neuen, umfassenden Struktur für die Erfüllung gewisser therapeutischer Aufgaben benützt« (N 139). Um dies zu illustrieren, gebraucht Kohut oft die Analogie vom Erleben des eigenen Körpers beim Erwachsenen, denn auch der Analysand, der den Ana-

lytiker als Teil seines eigenen Selbst erlebt, erwartet, »ihn uneingeschränkt zu beherrschen« (N 140).

2. Eine weniger archaische Form nennt Kohut »Alter-Ego- oder Zwillingsübertragung« (N 140), da in diesem reaktivierten Stadium des Größen-Selbst das narzißtisch besetzte Objekt als gleich oder sehr ähnlich erlebt wird. Durch die Analyse von Träumen, in denen ein »anderes Ich« oder ein Zwilling bei seinen Patienten vorkam, schloß Kohut auf das dahinterstehende Erleben der Annahme, der Analytiker sei wie er, der Analysand.

3. Die dritte Form wird nun Spiegelübertragung im engeren Sinne genannt, da es sich hier um die reifste Form der Wiederbelebung des Größen-Selbst handelt. Deutlicher als bei den anderen Formen wird der Analytiker als abgegrenzt vom eigenen Selbst erlebt, mit der Einschränkung jedoch, daß seine Bedeutung nur im Hinblick auf die eigenen Bedürfnisse und Wünsche gesehen wird. Er ist noch immer ein narzißtisch besetztes Objekt, von dem erwartet wird, daß es hinsichtlich der Bedürfnisse des eigenen Größen-Selbst sich ähnlich verhält wie die Mutter damals, als der Glanz in ihren Augen den eigenen Exhibitionismus und die Größe hätte widerspiegeln sollen.

Als klinisches Beispiel sei Kohuts Patient C. angeführt, der einen Traum hatte, in dem er einen Nachfolger für sich zu finden hatte, und er dachte: »Wie wär's mit Gott?« Kohut kommentiert dies so: »Der Traum war teilweise das Resultat des Versuchs, die Größenideen durch Humor abzuschwächen. Trotzdem erweckte er [der Traum] Erregung und Angst und führte – gegen erneute Widerstände – zur Erinnerung an Kindheitsphantasien, in denen er sich vorgestellt hatte, Gott zu sein.« (ZdP 185) Dieses Beispiel illustriert jedoch weniger den typischen Inhalt von infantilen Größenideen als die Tatsache, daß die unterdrückten und abgespaltenen narzißtischen Strukturen sich verstärken, wenn sie in ihrer Entfaltung im Rahmen der Beziehung zur frühen Umwelt nicht ausgedrückt und modifiziert werden können. »Sie durchbrechen dann plötzlich die brüchigen Kontrollen und führen zu ungehemmter Verfolgung grandioser Ziele und zu widerstandsloser Verschmelzung mit omnipotenten Selbst-Objekten.« (ZdP 210) Im Hinblick auf die archaische Grandiosität unseres Narzißmus geht es also in Kohuts Auffassung nicht darum, diese Haltung als infantil zu brandmarken und zu verlassen (um zur Objektliebe weiterzuschreiten), sondern darum, die Fähigkeit zu erwerben, die grandios-exhibitionistischen Ansprüche zu akzeptieren und in realistische Selbstachtung und in ein freudiges Selbstgefühl umzuformen. (ZdP 210) In diesem Sinne kann er auch davon sprechen, daß der Narzißmus eine potentiell adaptive Kraft darstellt (auch im Sinne eines entwicklungsfördernden Faktors sui generis[55]) und seine Transformationen als wertvoll einzuschätzen sind.

Zwar geht auch Kohut im Hinblick auf die idealisierte Elternimago von einer entwicklungsmäßigen Differenzierung aus, doch unterscheidet er hier keine abgegrenzten Stadien mit spezieller Namensgebung. Als Beispiel dafür, wie sich in diesem Fall die klinische Situation gestaltet, kann Herr A. (N 78 ff.; ZdP 177 ff.) angeführt werden, der ständig auf der Suche nach Anerkennung von seinem Chef, älteren Kollegen und den Vätern seiner Freundinnen war. Hatte er das Gefühl, daß er deren Anerkennung errungen hatte, empfand er sich »als heil, annehmbar und leistungsfähig und war dann tatsächlich in der Lage, gute Arbeit zu leisten, schöpferisch und erfolgreich zu sein«. War er jedoch der Meinung, man mißbillige ihn oder verstehe ihn nicht genügend, reagierte er zunächst depressiv und wütend, um sich dann kalt und hochmütig abzusondern; auch seine Leistungsfähigkeit verringerte sich in diesem Zustand. »In der Übertragung erschien er daher unersättlich hinsichtlich zweier Forderungen, die er an den idealisierten Analytiker richtete: daß der Analytiker die Wertvorstellungen, Ziele und Maßstäbe des Patienten teilte (und sie so durch Idealisierung bedeutsam machte) und daß der Analytiker dem Patienten freudig und mit warmherziger Anteilnahme bestätigte, seinen Wertvorstellungen und Maßstäben entsprochen zu haben und einem Ziele nähergekommen zu sein.« Kam es jedoch nicht zur Bestätigung seiner Werte durch den Analytiker, dann konnte Herr A. nicht mehr an ihnen festhalten; »seine Erfolge bedeuteten ihm nichts, und er fühlte sich depri- miert und leer« (ZdP 179). Aufgrund der Ausbildung einer kohäsiven idealisierenden Übertragung konnte eine genetisch bedeutsame Sequenz aus seiner Kindheit rekonstruiert werden. »Der Patient hatte sich während seiner Kindheit wiederholt in seiner Vorstellung von der Macht seines Vaters enttäuscht gefühlt, und zwar immer gerade dann, wenn er in ihm (wieder) eine beschützende, starke und tüchtige Gestalt gesehen hatte.« (ZdP 177) Kohut sieht also als Kern des psychischen Defektes von Herrn A. »die traumatische Enttäuschung durch die idealisierte Vater-Imago in der frühen Latenz« (N 82) an, weist jedoch darauf hin, daß der Patient durch »frühere, mit seiner pathologischen Mutter verbundene Erlebnisse« (ZdP 178) sensibilisiert worden sei. Die frühen Störungen in der Mutterbeziehung (mitverursacht durch die psychische Störung seiner Mutter) wie »Unvorhersagbarkeit und Unzuverlässigkeit ihrer Einfühlung in seiner frühen Kindheit« (N 85) führten zur diffusen narzißtischen Verwundbarkeit, während die spätere Enttäuschung durch die idealisierte Elternimago die Idealisierung des Über-Ich behinderte und ihn so im Hinblick auf seine eigenen Werte von anderen (idealisierten) Gestalten (Selbstobjekten) abhängig machte.

Von besonderer Bedeutung und Relevanz ist Kohuts Aussage, daß die in der analytischen Situation beobachtbaren Übertragungsmanifestationen *nicht* als direkte Abbilder der normalen narzißtischen Entwicklungsphase verstanden werden dürfen;

tatsächlich sind sie durch die Regression veränderte Wiederauflagen der alten Bedürfnisse, wobei sie immer auch »eine Beimengung von Tyrannei und Besitzergreifung« enthalten, die sich »als Folge intensiver Versagungen und Enttäuschungen verraten« (N 150).

Kohut beobachtete weiterhin, daß das konsequente Durcharbeiten des archaischen Narzißmus in der Übertragung zu – spezifischen wie unspezifischen – positiven Veränderungen führte. Als wichtigste unspezifische Veränderung sieht er die Zunahme und Ausdehnung der Fähigkeit zur Objektliebe an, meint jedoch, daß hier nicht »freigesetzter Narzißmus in Objektliebe verwandelt ist« (N 334), sondern erklärt dies unter anderem als »Folge der Festigung des Selbsterlebens und der damit verbundenen stärkeren Kohärenz und schärferen Abgrenzung des Selbst« (N 335). Dies bedeutet, daß die Überzeugtheit von seinem eigenen Wert zu mehr Selbstvertrauen führt und so in die Lage versetzt, (im objektlibidinösen Sinne) zu lieben, ohne Angst haben zu müssen, zurückgewiesen zu werden. In diesem Sinne hält Kohut also das Resultat einer erweiterten Fähigkeit zur Objektliebe für sekundär und unspezifisch.

Unter die spezifischen Auswirkungen des analytischen Prozesses bei narzißtischen Störungen faßt Kohut Einfühlung, Kreativität, Humor und Weisheit (N 338-368; in einem früheren Aufsatz findet sich noch als fünfte therapeutische Umwandlung die Fähigkeit, die Endlichkeit des eigenen Lebens ins Auge zu fassen; ZdP 154, 161-164). Kohut sieht diese Errungenschaften im wesentlichen als Ichleistungen an, bei denen es dem Ich gelungen ist, »die narzißtischen Besetzungen zu zähmen und für seine höchsten Ziele einzusetzen« (ZdP 166). Und so beschreibt er auch gegen Ende seines Narzißmus-Buches das therapeutische Ziel der analytischen Behandlung bei narzißtischen Störungen im wesentlichen ichpsychologisch, als »das Erreichen der Ich-Herrschaft im Bereich der zwei großen narzißtischen Konfigurationen« (N 367).

Durch das Aufzeigen der verschiedenen Transformationen des Narzißmus betont Kohut noch einmal implizit seine Ansicht, daß der Narzißmus nicht zerstört (aufgegeben und durch Objektliebe ersetzt) werden muß, sondern in höhere, reifere Formen (die auch der Anpassung dienen können) umgewandelt werden kann, daß der Narzißmus für ihn »eine psychische Einstellung sui generis« (ZdP 236) ist.

Kurz zusammengefaßt: Kohut behandelt den Narzißmus in seinem ersten Buch auf der Grundlage der psychoanalytischen Ichpsychologie, wobei seine Klärung im Rahmen der traditionellen Metapsychologie verläuft und er sich wesentlich auf den libidotheoretischen Gesichtspunkt stützt. Er macht deutlich, daß er den Narzißmus als qualitativ andere Besetzung versteht, die sich auch im Erleben anders darstellt, und findet aufgrund von Introspektion und Einfühlung Zugang zu den narzißtischen Übertragungen (deren Beschreibung und Analyse ja das ganze Buch gewidmet ist). Kohuts Verdienst – das auch von anderen Analytikern und der gesamten psychoanalytischen Bewegung nie angezweifelt wurde – besteht eben darin, diese Übertragungen als erster systematisch und präzise beschrieben und Vorschläge zu ihrer technischen Handhabung in der therapeutischen Analyse gemacht zu haben. Als Neuerung für die Theorie schlägt er vor, eine eigene Entwicklungslinie des Narzißmus zu konzipieren, die nicht unter die Triebentwicklung zu subsumieren ist, sondern eigenständig ist und autonome Entwicklungen und Fähigkeiten hervorbringt. Das Selbst ist in dieser Schrift noch begrenzt auf die Definition, »ein Inhalt des psychischen Apparates [zu sein], aber es ist nicht einer seiner Bausteine; das heißt, es ist keine psychische Instanz«. Der Begriff ist erfahrungsnah konzipiert und besitzt keinen hohen Abstraktionsgrad; als ein psychischer Inhalt läßt sich das Selbst in der psychoanalytischen Situation beobachten: »es ist eine Struktur innerhalb der Psyche«, die »eine zeitliche Kontinuität hat; das heißt, es ist dauerhaft« (N 15). Rückblickend wird Kohut einige Jahre später diesen Ansatz als »Selbstpsychologie im engeren Sinn« (VGdS 184) bezeichnen und ihm eine »Selbstpsychologie im weiteren Sinne« gegenüberstellen.

Durch die Einführung des Begriffes des Selbstobjektes gelingt es ihm, die narzißtischen Übertragungen durch Rekonstruktionen der erlebten Kindheitsgeschichte an eine Entwicklungstheorie der Selbst-Entwicklung (narzißtische Regulation: Über-Ich, Ideale, Werte, Selbstwertgefühl) zu koppeln und die narzißtischen Übertragungen im wesentlichen als »Selbstobjektübertragungen« (so wird er sie später bezeichnen) zu konzipieren. Selbstobjekte »sind Objekte, die entweder im Dienste des Selbst [...] benutzt werden oder [...] als Teil des Selbst erlebt werden« (N 14). Die unter narzißtischen Persönlichkeitsstörungen leidenden Menschen zeigen eine ganz spezifische Verwundbarkeit als Hauptkennzeichen ihrer Symptomatik: »Ihr Selbstwertgefühl ist ungewöhnlich labil, und sie sind vor allem außerordentlich empfindlich gegen Fehlschläge, Enttäuschungen und Zurücksetzungen.« (DSdS 97) Als Ursache macht Kohut einen Strukturdefekt im Selbst verantwortlich, der durch ein Versagen der frühen Selbstobjektumgebung entstanden ist. Im wesentlichen gibt es zwei Arten von Selbstobjekten: »Selbstobjekte, die auf das dem Kinde angeborene Gefühl von Lebenskraft, Größe und Vollkommenheit reagieren und es bestätigen; und diejenigen, zu denen das Kind aufblicken kann und mit deren vorgestellter Ruhe, Unfehlbarkeit und Allmacht es verschmelzen kann. Die erste Art wird als spiegelndes Selbstobjekt bezeichnet, die zweite als idealisierte Elternimago.« (DSdS 98)

Es wird im weiteren Verlauf deutlicher werden, welche zentrale Stellung dem Begriff und theoretischen Status des Selbstobjekts in Kohuts Psychologie beigemessen wird; aus diesem Grunde sei auf eine kleine Besonderheit bereits jetzt aufmerksam gemacht: Es wird dem Leser möglicherweise aufgefallen sein, daß sich in diesem Text zwei Schreibweisen finden – einmal mit Bindestrich (Selbst-Objekt) und einmal ohne (Selbstobjekt). Dies hat seinen Grund in Kohuts Schreibweise, der bis zum Jahre 1977 den Ausdruck mit Bindestrich schrieb und sich dann zu dieser Änderung entschlossen hat: »Wenn man ›Selbstobjekt‹ ohne Bindestrich schreibt, kann man die Beziehung zwischen dem Selbst und seinen Selbstobjekten als ›Selbst-Selbstobjekt-Beziehung‹ bezeichnen, was einer ›Selbst-Selbst-Objekt-Beziehung‹ eindeutig vorzuziehen ist.« (VGdS 190)

2. Eine eigenständige »Psychologie des Selbst«

In den sechs Jahren, die zwischen der Veröffentlichung von *Narzißmus* und Kohuts zweitem Buch, *Die Heilung des Selbst*, liegen, vollziehen sich in seinem Denken wichtige Veränderungen, die sich schließlich in einer neuen Theorie niederschlagen, die nur noch lose mit dem bis dahin vertretenen Ansatz der psychoanalytischen Ichpsychologie verknüpft ist. Zwar deuteten sich schon im Narzißmus-Buch Erweiterungen an, doch verbindet er dort noch seine Konzeptualisierungen mit dem traditionellen metapsychologischen Denken und versucht, die neuen Erkenntnisse im Rahmen der traditionellen psychoanalytischen Theorie zu formulieren. Mit der neuen Veröffentlichung geht Kohut nun über seine früheren Beiträge und insbesondere über das Thema Narzißmus weit hinaus. Er verläßt nicht nur endgültig die Triebtheorie als Erklärungshintergrund, sondern weist seiner neuen Psychologie des Selbst einen exklusiven und eigenständigen Platz im Sinne eines erweiterten psychoanalytischen Reflektierens zu.

Ausgangspunkt dieser Entwicklung war der zunehmende Ausbau seines Selbstobjektkonzeptes und (ihm vorausgehend) sein – wie er meint – wichtigster empirischer Fund auf therapeutischem Gebiet: die Selbstobjektübertragungen, die er früher noch »narzißtische Übertragungen« genannt hatte. (HdS 11) Kohut versucht in dieser neuen Schrift verstärkt deutlich zu machen, daß die Psychoanalyse Daten verarbeitet, die einzig durch eine konsequente Anwendung der introspektiv-empathischen Methode gewonnen wurden, und daß sich daraus die Formulierung einer erfahrungsnahen Theorie notwendigerweise ergeben muß. Aufgrund des neuen Blickwinkels (vom Selbst aus) sieht sich Kohut vor die Frage gestellt: »Wie kann der theoretische Rahmen der Psychoanalyse dergestalt umgeformt werden, daß die zahlreichen und verschiedenen Phänomene, die wir hinsichtlich des Selbst beobachten, darin unterzubringen sind?« (HdS 12) Es geht Kohut um größere Klarheit auf einem Gebiet, das für ihn trotz jahrelanger Anstrengung nicht mit Hilfe der klassischen Theorien zu begreifen war; dennoch haben ihn seine Untersuchungen »nicht zu Ergebnissen geführt, die mich zwingen würden, mich für die völlige Aufgabe der klassischen Theorien und der klinischen psychoanalytischen Konzeption vom Menschen einzusetzen; ich bleibe ein Befürworter ihrer weiteren Anwendung innerhalb eines bestimmten, klar definierten Bereichs« (HdS 14). Die Antwort auf die oben gestellte Frage lautet für ihn also, daß zur Erklärung der Phänomene des psychischen Bereichs zwei sich ergänzende Ansätze notwendig sind: »eine Psychologie, in der das Selbst als Mittelpunkt des psychologischen Universums gesehen wird, und eine Psychologie, in der das Selbst als ein Inhalt eines psychischen Apparates gesehen wird« (HdS 12). War das Narzißmus-Buch noch Ausdruck seiner Bemühungen, ein Selbst in die psychoanalytische Betrachtungsweise einzuführen und mit den klassischen dynamischen und ökonomischen Lehrsätzen zu verbinden, indem es als Inhalt des psychischen Strukturmodells gesehen wurde, so steht *Die Heilung des Selbst* vornehmlich unter dem Gesichtspunkt, dem Selbst eine so zentrale Rolle zuzubilligen, daß eine bloße Erweiterung des traditionellen Ansatzes hierfür nicht ausreichen würde. Gefordert war demnach eine eigenständige Theorie, eine Psychologie des Selbst *im weiteren Sinne*, die über die traditionelle Triebtheorie hinausgeht und die Kohut in dieser Arbeit zum ersten Mal konsequent vorstellt und anwendet. Er ist weiterhin der Meinung, daß der einzige Weg, sich in den Widersprüchen theoretischer Denkgebäude und spekulativer Ansätze verschiedener psychoanalytischer Schulen zurechtzufinden und einen Fortschritt zu erreichen, der ist, zurückzugehen zur Beobachtung klinischer Phänomene. So bleibt er seinem ursprünglichen, im fast zwanzig Jahre alten Introspektions-Aufsatz ausgedrückten Ansatz treu, indem er die Bindung der psychoanalytischen Erforschung psychischer Realität an die introspektiv-empathische Haltung nachdrücklich betont und seine Begriffsbildung daran ausrichtet. (HdS 17)

Ausgehend von den narzißtischen Persönlichkeitsstörungen, macht er erneut den entscheidenden Unterschied zu den klassischen Neurosen deutlich, indem er darauf hinweist, daß es hierbei nicht um intrapsychische Konflikte zwischen intakten Systemen geht, sondern daß die zentralen Strukturen der Persönlichkeit selbst nur unzureichend aufgebaut werden konnten. Als deren Kern-Psychopathologie sieht er 1. früh entstandene Strukturdefekte im Bereich der Selbst-Struktur und 2. sekundäre Bildungen, die den primären Defekt entweder ausgleichen (kompensatorische Strukturen) oder überdecken bzw. abwehren (defensive Strukturen) sollen.

Da Kohut seine Psychologie des Selbst außerhalb des metapsychologischen Rahmens der Triebtheorie ansiedelt, verzichtet er auch auf den libidotheoretisch so wichtigen Begriff der sinnlichen Lust und akzentuiert statt dessen den Begriff der Freude. Dieser sei stärker auf eine »umfassende Emotion, wie z.B. das Gefühl, das durch Erfolg hervorgerufen wird«, bezogen, wohingegen Lust sich »auf eine begrenzte Erfahrung bezieht, wie etwa sinnliche Befriedigung« (HdS 52). Kohut zufolge lassen sich für diese beiden Erfahrungsweisen – Freude und Lust – unterschiedliche genetische Linien auffinden, was bedeuten würde, daß Freude nicht einfach als Sublimation von Lust entsteht (klassische Erklärung), sondern getrennte und eigenständige

Entwicklungslinien für diese Gefühle vorliegen. Deutlich ist, daß Kohut seine Selbstpsychologie auch im Hinblick auf metapsychologische Prinzipien und Gefühlsdynamik vom triebpsychologischen Modell abgrenzt, um deren Erklärungskraft in bezug auf bestimmte Phänomene aufzeigen zu können. Denn die Erkenntnisse, die unter dem Titel Triebtheorie gesammelt wurden und hinsichtlich der Neurosen und verwandter Phänomene als angemessene und zutreffende Erklärungen gelten dürften, sind nach Kohut letzten Endes nicht auf die psychologischen Phänomene anwendbar, die den Bereich des Selbst betreffen. (HdS 14 und 71) So meint er hinsichtlich der »meisten Fälle oral-anklammernden Verhaltens«, daß diese in der triebpsychologischen Terminologie nicht angemessen beschrieben werden können, da sie nicht als Manifestation einer infantilen Haltung, sondern »als Ausdruck narzißtischer Übertragungsbedürfnisse« zu verstehen seien. (HdS 72) Aufgrund seiner klinischen Erfahrung in solchen Fällen schwerer Persönlichkeitsstörungen mit oraler Fixierung ist er nunmehr zu der Einsicht gelangt, »daß die Triebfixierung und die weitreichenden Defekte des Ich weder genetisch der primäre noch dynamisch-strukturell der zentralste Brennpunkt der Psychopathologie sind« (HdS 75). Solche Erklärungen sind nur sinnvoll anzuwenden, wo der psychopathologische Bereich der Konflikte betroffen ist. Legt man in solchen Fällen jedoch die selbstpsychologische Betrachtungsweise zugrunde, so rückt das Selbst eines Kindes in den Mittelpunkt, das aufgrund der gestörten empathischen Reaktionen der Eltern nicht fest etabliert wurde, dessen Grenzen unsicher sind und das sich von Fragmentierung bedroht sieht. Ein solch fragiles Selbst muß sich nun auf defensive Weise durch die Stimulierung erogener Zonen Lust verschaffen, die kohärenzstiftend wirkt und sekundär zu einer oralen Triebfixierung führt. Kohut spricht hier von einer »Versklavung des Ich an die mit den stimulierten Körperzonen verbundenen Triebziele« (HdS 75). Sein Ansatz bezieht sich also immer auf das zugrundeliegende Selbst, dessen Zustand den Umgang mit den Trieberfahrungen bedingt. So stellt er auch die anale Fixierung als Erklärungsmuster für Geiz in Frage und sieht eine befriedigendere Erklärung gegeben, wenn man neben den Trieben »auch das Selbst der analen Periode« betrachtet, »ein Selbst, das sich in einem frühen Stadium seiner Konsolidierung befindet« (HdS 76).

»Wenn eine Mutter das fäkale Geschenk stolz annimmt – oder wenn sie es zurückweist oder daran uninteressiert ist –, so reagiert sie nicht nur auf einen Trieb. Sie reagiert auch auf das sich bildende Selbst ihres Kindes. Ihre Haltung beeinflußt, mit anderen Worten, eine Gruppe innerer Erfahrungen, die in der weiteren Entwicklung des Kindes eine entscheidend wichtige Rolle spielen. Sie reagiert – mit Annahme, Zurückweisung oder Nichtbeachtung – auf ein Selbst, das im Geben und Anbieten Bestätigung durch das spiegelnde Selbstobjekt sucht. Daher erlebt das Kind die stolze, freudige Haltung der Eltern oder ihren Mangel an Interesse nicht nur als Annahme oder Ablehnung eines Triebes, sondern auch – dieser Aspekt der Interaktion zwischen Eltern und Kind ist oft der entscheidende – als Annahme oder Zurückweisung seines versuchsweise etablierten, doch noch verwundbaren kreativ-produktiv-aktiven Selbst.« (HdS 76 f.)

Die Ursache für eine Fixierung sieht Kohut demnach also in der Zurückweisung dieses sich gerade entwickelnden Selbst, das auf den Widerhall seiner kreativen Produktivität seitens des Selbstobjekts Mutter angewiesen ist und sich bei seinem Ausbleiben geschwächt fühlt. Dieses verletzte Selbst wird nun nicht mehr versuchen, die Aufmerksamkeit des Selbstobjektes zu erlangen (natürlich nicht bei einer einmaligen Nichtbeachtung durch die Mutter, sondern nur bei einer habituellen, chronischen mütterlichen Fehlhaltung), sondern sich zur beruhigenden Stützung und zum Trost den Lüsten zuwenden, über die es selbst verfügen kann, nämlich den erogenen Zonen seines Körper-Selbst. Damit leugnet Kohut nicht die anale Fixierung, sondern kritisiert nur die begrenzte Reichweite der triebpsychologischen Erklärung, indem er hinzufügt, daß es das brüchig gewordene Selbst war, das sich zu seiner Stützung der prägenitalen Lustquelle versichern mußte. Der »anale Charakter« eines geizigen Erwachsenen wird somit nicht umfassend genug durch eine »anale Fixierung« (deren Vorhandensein Kohut nicht leugnet) erklärt, sondern es bedarf des Hinweises auf das frühe brüchige oder leere Selbst des Kindes, um das volle Ausmaß der Erfahrungsinhalte und der Entstehungsgeschichte zu erfassen.

Kohut möchte mit dem Hinweis auf die Komplementarität der beiden Ansätze explizit ausdrücken, daß es ihm *nicht* um eine *Integration* von Trieb- und Selbstpsychologie geht, sondern daß hier *nebeneinander* die beiden wichtigsten Aspekte einer umfassenden Psychologie des Menschen vertreten sind. Diese nennt Kohut für die Konfliktpsychologie die »Psychologie des Schuldigen Menschen« und für die Selbstpsychologie die »Psychologie des Tragischen Menschen«. (HdS 218) Er schlägt also vor, zwei verschiedene Erklärungsrahmen anzuwenden, wobei dies in Abhängigkeit von der aufzuklärenden Störung zu geschehen hat. Darüber hinaus wird ein vollständiges Verstehen jedoch nur erreicht, wenn beide Ansätze verwendet werden, da der Bereich der Triebe und Konflikte nicht ausgeklammert oder geleugnet wird. Die Selbstpsychologie fügt diesem begrenzten Aspekt menschlichen Daseins – der Schuld – einen zweiten, ebenso wesentlichen hinzu – die Tragik. Vom schuldigen Menschen spricht Kohut, wenn die Befriedigung der Triebe im Mittelpunkt steht, wenn das Lustprinzip herrscht und wenn der Mensch aufgrund seiner inneren Konflikte unfähig ist, die Befriedigung seiner Wünsche zu erreichen. Demgegenüber siedelt er den tragischen Menschen jenseits des Lustprinzips[56] an; dessen Ziele richten sich auf die Verwirklichung seines Kern-Selbst. Da die Niederlagen des Menschen auf diesem Gebiet häufiger sind als die Erfolge, spricht Kohut diesen Aspekt eher negativ-pessimistisch an, statt den »sich selbst ausdrückenden« oder »kreativen Menschen« als Bezeichnung zu wählen. Dennoch betont er, daß die Selbstpsychologie die wachstumsfördernden Aspekte stärker fokussiert als die pathogenen Aspekte, die von der Konfliktpsychologie in Augenschein genommen werden. (HdS 120f. und 244f.)

Wie schon deutlich geworden ist, behauptet Kohut, daß aufgrund der von Beginn an bestehenden Beziehung zwischen Mutter und Kind als Selbst-Selbstobjekt-Beziehung Trieberfahrungen diesem Verhältnis untergeordnet sind. Das Kind trifft auf eine Umgebung, die von empathischen und auf es antwortenden (responsiven) Selbstobjekten bevölkert ist – so wie es auch von seinem entstehenden Selbst »erwartet« wird. Kohut gebraucht in diesem Zusammenhang häufig die Analogie des Angewiesenseins des menschlichen Körpers auf eine Atmosphäre, die eine optimale Sättigung mit Sauerstoff (HdS 255) enthalten muß, soll das Überleben sichergestellt sein. Aufgabe des Selbstobjekts ist es nun, Störungen des Gleichgewichts (in der klassischen Terminologie: Triebspannungen) im Leben des Kindes wahrzunehmen und einfühlend zu handeln, um die homöostatische Balance wiederherzustellen. Kohut mißt dem ersten dieser beiden Schritte – dem einfühlenden Wahrnehmen – die weitaus größere Bedeutung bei, indem er hierbei die Fähigkeit des Kindes vor Augen hat, mittels umwandelnder Verinnerlichung Strukturen aufzubauen und sein noch fragiles Kern-Selbst zu konsolidieren. »Das Selbstobjekt stellt dann Berührungs- und/oder Sprechkontakt mit dem Kind her (die Mutter nimmt das Kind auf und spricht mit ihm, während sie es hält oder trägt) und schafft so Bedingungen, die das Kind phasengerecht als Verschmelzung mit dem allmächtigen Selbstobjekt erlebt. Die rudimentäre Psyche des Kindes hat an der hochentwickelten psychischen Organisation des Selbstobjektes teil; das Kind erlebt die Gefühlszustände des Selbstobjektes – sie werden dem Kind durch Berührung, den Ton der Stimme und vielleicht noch auf anderen Wegen vermittelt –, als wären es seine eigenen.« (HdS 84f.)

Aufgrund der reiferen psychologischen Strukturen des Selbstobjektes, die die Angst des Kindes auffangen, erfährt es die Sicherheit, Ruhe und Festigkeit, die es selbst noch nicht aufbringen kann, und ist so in der Lage, sich wieder zu beruhigen. Indem es qua Verschmelzung an dem optimalen Funktionieren eines sicher errichteten Selbst teilhat, trägt es zur Errichtung eines psychologischen Fundamentes bei, »von dem aus optimale (nicht-traumatische, phasengerechte) Versagungen von seiten des Selbstobjektes unter normalen Umständen zur Strukturbildung durch umwandelnde Verinnerlichung führen« (HdS 85). Da Versagungen unvermeidbar und entwicklungsfördernd sind, jedoch auch immer die Gefahr der Traumatisierung tragen, spricht Kohut dann von optimaler Versagung, wenn diese vom Kind ertragen und verarbeitet werden kann, so daß sie seine Entwicklung stimuliert, ohne es zu überfordern. Da es sich hierbei um graduelle Prozesse handelt, bei denen immer die jeweilige Individualität des Kindes in Rechnung gestellt werden und von der Mutter beachtet werden muß, ortet Kohut an dieser Stelle auch die Hauptursache von Defekten im Selbst. Seiner Auffassung nach treten Pathologien des Selbst »hauptsächlich als Folge mangelnder Empathie der Selbstobjekte« auf, wobei diese »auf narzißtische Störungen des Selbstobjekts zurückzuführen ist«, vor allem auf eine »latente Psychose des Selbstobjekts« (HdS 85). Bei solchen narzißtisch gestörten Müttern fehlt es natürlich an der Fähigkeit, sich in das Kind adäquat einzufühlen, so daß diesem die wichtige Verschmelzungserfahrung mit dem allmächtigen Selbstobjekt versagt bleibt und es somit nicht in die Lage versetzt wird, stabile Strukturen zu errichten. Allerdings kann es auch zu einer schädlichen Verschmelzung kommen, wenn das Kind mit den defekten Mechanismen des Selbstobjekts in Kontakt kommt und so eine beschädigte Struktur kennenlernt, gegen die es sich dann abschirmen muß. In jedem Fall einer solchen Entwicklung ist das Resultat entweder ein Mangel an guter Struktur, die die Spannungen reguliert, oder der Erwerb fehlerhafter Struktur (deren Benutzung zu inadäquaten Resultaten bei der Verarbeitung psychischer Konflikte führt). Wie wichtig in Kohuts Theorie die Stellung des primären Selbstobjektes ist, zeigt sich eben darin, daß das Kern-Selbst des Kindes nicht durch irgendeine *bewußte* Reaktion oder Absicht geformt wird, sondern »durch die tief verankerte Art der Reaktion der Selbstobjekte, die letztendlich eine Funktion des jeweiligen eigenen Kern-Selbst der Selbstobjekte sind« (HdS 95 f.). Diese Bildung des Selbst beginnt in dem Augenblick, da eine Mutter ihr Neugeborenes zum ersten Mal sieht und mit ihm durch alle Sinneskanäle Kontakt aufnimmt. Außerdem reagiert sie auf ihr Baby schon so, als habe es bereits ein Selbst gebildet, was Kohut veranlaßt, von einem »virtuellen Selbst« (HdS 96) zu sprechen.

Kohuts Entwicklungskonzeption der frühen Selbstbildung, wie er sie im Narzißmus-Buch vorgelegt hat, bleibt also erhalten, doch sondert er sie jetzt explizit von der Triebtheorie, die einen Bereich erkläre, der – theoretisch-konzeptionell wie auch ontogenetisch – dem der Selbst-Bildung nachgeordnet ist. Am Beispiel der Angst erläutert er seine Betrachtungsweise, indem er feststellt, »daß es zwei grundlegend verschiedene Arten der Angsterfahrung gibt und nicht nur eine« (HdS 97). Sein Unterscheidungskriterium ist dabei der Grad der Festigkeit (Kohärenz) der Selbststrukturen, was bedeutet, daß einmal Angst von einem kohärenten Selbst erfahren wird, die sich dabei auf die spezifischen Gefahreninhalte bezieht, während eine zweite Art sich auf den Zustand des Selbst bezieht. Letztere richtet sich auf das Zerfallen des Selbst und nicht auf die Faktoren, die für diesen Auflösungszustand (kausal) verantwortlich zu machen wären. Hierfür prägt Kohut den Begriff »Desintegrationsangst« (HdS 98), dessen theoretische Bewältigung durch eine Trieberklärung (»Libidogefahr«, »Bedrohung durch die Stärke der Instinke«) nicht gelingen kann, da der Kern der Desintegrationsangst »die Furcht vor dem Zerbrechen des Selbst, nicht die Furcht vor dem Trieb« (HdS 99) ist. Kohut betont, daß der Analytiker sich hier in psychische Zustände einfühlen muß, »die nicht in Begriffen einer verbalisierbaren Bedeutung beschrieben werden können« (HdS 99), um die Angst des Patienten genauer zu bestimmen.

Ganz ähnliche Verhältnisse gelten nach Kohut auch für Träume, die er ebenfalls in zwei grundlegende Arten einteilt: solche, die sich um den Ausdruck von Triebwünschen und Konflikten zentrieren, und »jene, die mit Hilfe verbalisierbarer Traumbilder versuchen, die nichtverbalen Spannungen traumatischer Zustände zu binden« (HdS 102). Hier ist diese zweite Art von Träumen schon der Versuch, die Desintegration des Selbst zu verhindern, indem »die angsterregenden, namenlosen Vorgänge durch benennbare visuelle Vorstellungen überdeckt werden« (HdS 102). Diese »Selbst-Zustands-Träume« (HdS 103) haben die Aufgabe, den gegenwärtigen, aktuell-bedrohten Zustand der Selbststrukturen darzustellen. Im Unterschied zur klassischen Theorie konzentriert Kohut sich auch stärker auf den manifesten Inhalt, da die Darstellung archaischer Zustände des Selbst in den Selbst-Zustands-Träumen mehr oder weniger unverhüllt geschieht. (HdS 103)

Wie zu sehen ist, gibt die Perspektive der Selbstpsychologie im erweiterten Sinne einen veränderten theoretischen Rahmen ab, in dem neue Entdeckungen gemacht werden können und auch einige Phänomene veränderte Interpretationen erfahren. Im Zuge dieses Ausbaus seiner Theorie und der konkurrierender Interpretationen gegenüber der klassischen Theorie stellt Kohut auch seine Sicht der Aggression dar, wobei er der Meinung ist, daß die Triebtheorie einen durchaus adäquaten Ansatz zum Verständnis aggressiver Äußerungen abgibt. Allerdings findet er die klassische Sicht im Hinblick auf das Wesen und die Dynamik der menschlichen Destruktivität unzureichend und schlägt vor, sie in einem anderen Licht zu sehen. So ist in seiner Betrachtung Destruktivität nicht ursprünglich, keine Triebmanifestation, sondern ein »Desintegrationsprodukt, das zwar primitiv, aber nicht psychologisch primär ist« (HdS 106). Im wesentlichen ist für ihn menschliche Destruktivität also sekundär und als Resultat von Empathiemängeln wichtiger Bezugspersonen zu sehen. In der Sprache der Selbstpsychologie heißt dieser Sachverhalt, daß Destruktivität »als Folge des Versagens der Selbstobjekt-Umgebung auftritt« und daß insbesondere destruktive Wut »immer durch eine Verletzung des Selbst motiviert« (HdS 108) ist. Ein Freudsches Bild variierend, spricht Kohut vom »gewachsenen Fels« als tiefster Schicht, die seines Erachtens als psychischen Inhalt die existentielle Furcht vor der Zerstörung des Kern-Selbst trägt. Damit erkennt Kohut erneut der narzißtischen Kränkung oder der Selbst-Verletzung eine theoretische Suprematie zu, die er – wie schon gezeigt – aus der frühen Bildungsgeschichte des Psychischen ableitet, nämlich daß sich die Bildung des Selbst vor der Triebentwicklung vollzieht. In diesem Sinne spricht er vom »genetisch-dynamischen Vorrang der narzißtischen Kränkungen«, da er der Auffassung ist, daß der Selbst-Bildung »entwicklungsmäßige Priorität« (HdS 109) zugestanden werden muß.

An dieser Stelle muß erwähnt werden, daß Kohut zwischen *Narzißmus* und der *Heilung des Selbst* einen Aufsatz (der ursprünglich ein Brief an einen jüngeren Kollegen war) mit dem Titel *Bemerkungen zur Bildung des Selbst* (1975, in: ZdP) veröffentlichte, in dem er Zweifel an seiner früheren Theorie der Selbst-Bildung durch Verschmelzung von »Teilen« äußert und eine etwas veränderte Auffassung vorlegt. Insbesondere der Terminus »Selbst-Kerne« mit seiner Konnotation zu »Verschmelzung« scheint ihm nicht mehr angemessen. Während er also die Theorie zurückweist, »wonach die Bildung der Selbst-Erfahrung über das allmähliche Verschmelzen der Erfahrungen von körperlich-seelischen Teilen geschieht« (ZdP 281), hält er jedoch weiterhin an der Entwicklungsabfolge vom Autoerotismus (Stadium der Teile) zum Narzißmus (Stadium des ganzen Selbst) fest. Seine neue Annahme lautet nun, daß sich die kindliche Selbst-Erfahrung *unabhängig* von der Erfahrung von seinen Körperteilen, körperlichen Funktionen und verschiedenen seelischen Aktivitäten entwickelt. Ihm zufolge handelt es sich hierbei wieder um voneinander getrennte, unabhängige Entwicklungslinien, die aufeinander zulaufen und erst spät miteinander in Verbindung gebracht werden. Erst wenn die Erfahrung einzelner Teile und Funktionen »bezähmt« ist und auf der anderen Seite ein kohärentes Selbst entstanden ist, erreicht das Kind ein Stadium, in dem beides zusammengebracht wird. Kohut dreht also gewissermaßen die noch in *Narzißmus* geäußerte (und an Glover angelehnte) Vorstellung um, indem er formuliert: »die Teile bauen nicht das Selbst auf, sie werden in es eingebaut« (ZdP 263). Ist die schrittweise Etablierung einer einigermaßen kohärenten Selbst-Erfahrung abgeschlossen, finden beide Linien zueinander, und das Selbst nimmt seinen Platz als übergeordnete Struktur ein, wobei die Erfahrungswelt der Triebe aber weiterhin bestehen bleibt. Kohut legt Wert auf die Scheidung dieser beiden Sphären, »die beide ihre eigene Genese, ihre eigene Entwicklung und ihre eigene Beziehung zur Umwelt haben« (ZdP 272). Diese beiden, eigentlich »übereinander« (ZdP 271) geschichteten Bereiche verfolgen jedoch unterschiedliche Ziele: Während die untere Schicht der Triebe (Teile, Einzelfunktionen, erogene Zonen) auf der Suche nach lustvoller Betätigung und Befriedigung (Entladung von Spannung) ist, strebt die übergeordnete Selbst-Schicht nach Erfüllung der in ihr angelegten Aspekte, was mit dem Gefühl der Freude belohnt wird. Mögliche Schwierigkeiten, die diese Ziele verhindern könnten, lösen auch nicht wie beim schuldigen Menschen Angst aus, sondern »die Vorahnung von Verzweiflung«: »Der Tragische Mensch fürchtet nicht den Tod als eine symbolische Bestrafung (Kastration) für verbotene Lustziele (wie es der Schuldige Mensch tut) – er fürchtet den verfrühten Tod, d.h. er fürchtet einen Tod, der die Verwirklichung der Ziele seines nuklearen Selbst verhindern würde. Und anders als der Schuldige Mensch akzeptiert er den Tod als Teil der Kurve seines erfüllten und erfüllenden Lebens.« (ZdP 272)

Obwohl Kohut in dieser Konzeption versucht, die beiden Bereiche theoretisch voneinander zu trennen, ist er sich doch der wechselseitigen Beeinflussung bewußt. So macht er auf die »organisierende Wirkung« aufmerksam, »die das Vorhandensein eines gefestigten Selbst auf die nach Lust strebenden Aspekte der menschlichen Psyche hat« (ZdP 272f.). Außerdem denkt er an die bereits sehr früh bestehende Möglichkeit einer konfliktlosen Zusammenarbeit in der Entwicklung: »Körperteile und körperliche und seelische Funktionen sind nicht nur die Brennpunkte unserer intensivsten Lustziele [...], sie sind gleichzeitig auch die Repräsentanten unseres Selbst, d.h. sie sind die narzißtischen Hauptzonen des körperlich-seelischen Selbst.« (ZdP 277)

Deutlich ist, daß das Streben nach Lust und das Bestreben um Selbst-Ausdruck entweder miteinander harmonieren oder konfligieren können. Kohut erläutert, daß bei einem Vorherrschen des einen Sektors in der Persönlichkeit nur dann ein pathologisches Ungleichgewicht entsteht, wenn der andere – schwächere

– Sektor diese Rolle nicht akzeptieren kann, sich also nicht unterordnen kann. (ZdP 274)

Wir wollen festhalten, daß die Freude des Kindes an den einzelnen Teilen, körperlichen und seelischen Funktionen, noch gesteigert werden kann durch die Sicherheit, die ein festes, kohärentes Selbst ausübt, so daß letztlich das körperlich-triebhafte Selbst durch die organisierende Kraft des Kern-Selbst entscheidend gestärkt wird. Im Falle der menschlichen Destruktivität, die ja unser Ausgangspunkt war, sieht Kohut nun diese organisierende Kraft des nuklearen Selbst so geschwächt, daß »Regressionsprodukte« in Form destruktiver Äußerungen auftreten. (HdS 109) Ist das Selbst beschädigt oder stark geschwächt, dann erhält der Bereich der Triebe eine zu machtvolle Dominanz. Eine wichtige Differenzierung muß hier jedoch noch hinzugenommen werden: Kohut unterscheidet zwischen nicht-destruktiver Aggressivität und isolierter destruktiver Wut, wobei er den Beginn der Entwicklungslinie der (nicht-destruktiven) Aggression in der Selbstbehauptung des Babys sieht. So sind die Aggressionen des Babys »Bestandteil der Festigkeit und Sicherheit [...], mit der es seine Forderungen an Selbstobjekte stellt, die ihm eine Umgebung (durchschnittlich) empathischen Widerhalls verschaffen« (HdS 109). Kohut sieht darin eine »primäre psychologische Konfiguration«, die aus »unvermischter Selbstbehauptung« besteht; erst in der Folge von nicht zu vermeidenden Empathiemängeln seitens des Selbstobjektes kommt es zu Selbstfragmentierungen, bei denen die selbstbehauptende Komponente »isoliert« und sekundär in Wut »verwandelt« wird. (HdS 110) In diesem Sinne bezeichnet er dann auch die Destruktivität (isolierte Aggression) als ein psychologisches »Zerfallsprodukt«. (HdS 110f.) Im Gegensatz dazu dient elementare Aggression im Rahmen der umfassenden Konfiguration der Beziehung von Selbst und Selbstobjekt der Sicherung und Aufrechterhaltung des noch fragilen Selbst, indem sie als Teil selbstbehauptender Forderungen des Kindes durch optimale Frustrationen mobilisiert wird. Kohut weist der (nicht-destruktiven) Aggressivität eine eigene Entwicklungslinie zu, die sich aus primitiven Ansätzen heraus bis hin zu reiferen Formen der Selbstbehauptung zieht. Da sich auch diese Entwicklung im Rahmen der frühen Selbst-Selbstobjekt-Einheit vollzieht, haben die Reaktionen des Selbstobjekts großen Anteil an der Förderung und Differenzierung selbstbehauptender Aktivitäten. Angeregt wird diese Form der Aggressivität durch »nichttraumatische Verzögerungen empathischer Reaktionen des Selbstobjekts« (HdS 111; Kohuts Definition der optimalen Frustration), d.h., daß das Kind dadurch gezwungen wird, seine Bedürfnisse als Forderungen an das Selbstobjektmilieu zu artikulieren. Dieser normale Vorgang – die Sequenz von Nichterfüllung eines Wunsches und die darauffolgende Aktivierung der selbstbehauptenden Aggression – führt bei entsprechendem Einfühlungsvermögen der Bezugsperson zum Erfolg und damit auch zu einem Erlöschen der Aggression. Im Falle des Nichtglückens ergibt sich eine andere Abfolge: »Wenn jedoch das phasengerechte Bedürfnis nach allmächtiger Kontrolle über das Selbstobjekt in der Kindheit chronisch und traumatisch frustriert worden ist, dann entsteht chronische narzißtische Wut mit all ihren verderblichen Folgen. Zerstörungslust (Wut) und ihr späterer vorstellungsmäßiger Gefährte, nämlich die Überzeugung, die Umgebung sei im wesentlichen feindlich [...], sind [...] Reaktionen auf Mängel traumatischen Ausmaßes im empathischen Widerhall des Selbstobjektes gegenüber einem Selbst, das das Kind gerade zu erleben beginnt, zumindest in seinen ersten, schattenhaften Umrissen.« (HdS 112)

Seiner Meinung nach treten isolierte Trieberscheinungen (egal ob libidinös oder aggressiv, denn Kohut wendet diese Sicht *generell* auf das Verhältnis Selbst – Triebe an) also immer nach gravierenden Einfühlungsmängeln seitens des Selbstobjektmilieus auf, während »gesunde Trieberfahrungen [...] immer das Selbst und das Selbstobjekt« (HdS 112) einschließen. Insofern ist verständlich, wenn Kohut von der Selbst-Perspektive aus nicht den Trieb als die tiefste Schicht menschlicher Motivation ansieht, sondern »die Bedrohung der Organisation des Selbst« (HdS 113). Triebe sind dem Selbst nachgeordnet, fügen sich innerhalb der organisierenden Struktur des Selbst ein, so daß sie bei gutem, d.h. reibungslosem Funktionieren in diesem Zusammenspiel gar nicht zutage treten; erst wenn die tragende und stützende Struktur bedroht und/oder geschwächt wird, kommt es zur Desintegration. Dann entgleist das Zusammenspiel, die Triebkomponente wird dominant und kann zu einem Fixpunkt späterer Psychopathologie werden, vielleicht ohne daß hierbei erkannt wird, daß es sich um eine Selbst-Problematik handelt. Im Falle der narzißtischen Wut vernachlässigt Kohut den Gesichtspunkt, daß es sich hier um ein Triebgeschehen handelt, um stärker auf die Perspektive der Selbst-Selbstobjekt-Beziehung aufmerksam zu machen. Das Kind mit seinen ursprünglich noch freudigen selbstbehauptenden Tendenzen wird durch das unempathische Selbstobjekt so traumatisiert, daß sich eine destruktive Komponente isoliert, die sich lebenslang durch nicht mehr stillbaren Sarkasmus und Sadismus äußern kann. Der Hintergrund, auf dem eine solch pathologische Entgleisung der Beziehung von Mutter und Kind (auf der psychischen Ebene) theoretisch eingetragen wird, ist folgender idealtypischer, aus drei Stufen bestehender Entwicklungsablauf einer fördernden Beziehung: Erstens kommt es immer darauf an, daß die Selbstobjekte *phasengerecht* reagieren; zweitens ist es wichtig, daß die notwendigen Frustrationen durch eine optimale Versagung, also ein nicht überforderndes (traumatisches) Verhalten, vermittelt werden; auf dieser Grundlage können – drittens – die Funktionen der Selbstobjekte mittels umwandelnder

Verinnerlichung durch eine eigene Strukturbildung ersetzt werden. (HdS 226)

Die bipolare Struktur des Selbst

Stehen keine adäquat reagierenden Selbstobjekte zur Verfügung, so treten Entwicklungshemmungen auf; hierbei unterscheidet Kohut – gemäß seiner Erkenntnisse aus den Selbstobjektübertragungen – insbesondere zwei wesentliche Bereiche des Selbst: einmal den Exhibitionismus des Größen-Selbst und zweitens die Bewunderung bzw. die Idealisierungswünsche des kleinen Kindes. Wie bereits bei den damals noch narzißtische Übertragungen genannten Phänomenen führt der Ausfall eines spiegelnden Selbstobjektes zur Aufgabe exhibitionistischer Aktivität, und an dessen Stelle tritt die imaginäre Beschäftigung mit Größensymbolen und grandiosen Phantasien. Im Falle des Fehlens eines idealisierbaren Selbstobjektes, mit dessen Größe und Macht es verschmelzen kann, bricht »die gesunde und glückliche, großäugige Bewunderung des Kindes« (HdS 150) zusammen, und isolierte Triebphänomene, die die erwachsene Macht vertreten (wie in manchen Perversionen; vgl. HdS 150ff.), tauchen auf. Ist jedoch das Verhalten des Selbstobjektes phasenadäquat und nicht traumatisch, so können sich aus der empathischen Selbst-Selbstobjekt-Matrix zwischen Mutter und Kind reife Strukturen auf der Grundlage dieser beiden Ansätze (Exhibitionismus und Idealisierung) herausbilden, die letztendlich den bipolaren Charakter des Selbst ausmachen. Kohut stellt sich vor, daß ein Kern-Selbst durch einen Prozeß gebildet wird, der manche frühen psychischen Inhalte entweder dem Bereich des Nicht-Selbst zuordnet oder sie als zum Selbst gehörig beibehält, so daß dadurch ein »zentrales Stück des Selbst« etabliert wird, das den

»zentralen Sektor der Persönlichkeit« (HdS 155) bildet. Dabei hält er es für »wahrscheinlich, daß die früheren Bestandteile des Selbst gewöhnlich vorwiegend von der Beziehung zum mütterlichen Selbstobjekt abgeleitet sind« (HdS 156) und die späteren dann von beiden Elternfiguren stammen. Diesen Prozeß der Selektion von Selbst-Anteilen beschreibt er im Zusammenhang mit den mütterlichen Vorstellungen über das »virtuelle Selbst« ihres Kindes. Im strengen Sinne könne von einem Selbst bei einem Neugeborenen natürlich noch nicht gesprochen werden, doch haben die Eltern, insbesondere die Mutter, spezifische Erwartungen und Wünsche in bezug auf das Kind, so daß Kohut den eigentlichen Beginn der komplexen Struktur des Selbst an dieser Stelle ansetzt. »Das Selbst entsteht daher als Ergebnis der Wechselbeziehung zwischen der Ausstattung des Neugeborenen und den selektiven Reaktionen der Selbstobjekte, durch die gewisse Möglichkeiten in ihrer Entwicklung gefördert werden, während andere keine Förderung erfahren oder sogar aktiv entmutigt werden.« (DSdS 101) Zeitlich vermutet er die Bildung eines Kern-Selbst während des zweiten Lebensjahres. Der größte Teil der »Kern-Grandiosität« werde schon sehr früh zu »*Kern*-Strebungen« zusammengefaßt, während die »idealisierten *Kern*-Zielstrukturen« vermutlich erst später konsolidiert werden. (HdS 156) Kohut leitet aus den beiden Hauptfigurationen, nach denen er auch die Übertragungen eingeteilt hat, unterschiedliche Eigenschaften ab: So entwickelt sich aus dem Größen-Selbst der Pol der Strebungen (engl.: ambitions), worunter er neben der gesunden selbstbehauptenden Tendenz der Aggression auch die Ausbildung und Regulierung von Selbstachtung, das Streben nach Macht und Erfolg und die Freude an der eigenen Aktivität versteht.

Den Pol der Werte und idealisierten Ziele leitet er dagegen aus der Konfiguration der idealisierten Elternimago ab; hier geht es um die Übernahme solcher Fähigkeiten wie Selbstberuhigung (die aus der ursprünglichen Verschmelzung und Anteilnahme an der Ruhe des Selbstobjekts erwächst) und das Geleitetwerden durch eigene Ideale. Bereits 1965 hat Kohut formuliert: »Unsere Ideale sind unsere inneren Führer; wir lieben sie und sehnen uns danach, sie zu erreichen. Die Ideale sind imstande, einen großen Teil der umgewandelten narzißtischen Libido in sich aufzunehmen und dadurch die narzißtischen Spannungen und die narzißtische Verwundbarkeit zu verringern.« (ZdP 148) Weniger metapsychologisch (»erfahrungsfern«) und erlebensnäher ausgedrückt heißt es dann später, daß wir Ruhe erleben, »wenn wir unser Leben unter der Anleitung unserer inneren Ziele führen« (DSdS 102).

Die beiden Pole des Selbst stehen nun in einer individuell jeweils besonderen Beziehung zueinander, die möglicherweise die Grundlage für die Kontinuität des Selbst-Erlebens während unseres Lebens abgibt. Diese Hypothese der bleibenden spezifischen Anordnung der Bestandteile des Selbst versucht Kohut durch die Vorstellung eines »Spannungsgefälles« (tension gradient oder »Spannungsbogen«/tension arc; HdS 156) auszudrücken, das »handlungserzeugend« zwischen dem Pol der Strebungen und dem der Ideale/Ziele entsteht und das »den dauernden Fluß tatsächlicher psychologischer Aktivität« bezeichnet, der letztlich die Person mit Hilfe ihrer Strebungen »treibt« und sie durch ihre Ideale »leitet«. (HdS 157) Kohut spricht auch von der »unveränderlichen Besonderheit der das Selbst ausdrückenden, kreativen, in die Zukunft weisenden Spannungen« (HdS 159), um einmal die Basis des Gefühls dauernden Gleichseins auszudrücken wie gleichzeitig den unabhängigen Mittelpunkt von Antrieb und Wahrnehmung als Fundament unseres individuellen Gefühls für unser Selbst zu bezeichnen.

Die Vorstellung einer Bipolarität ermöglicht es Kohut auch,

von »zwei Chancen« (HdS 161) zu sprechen, wenn das Kind versucht, sein Selbst zu konsolidieren. »Die Bewegung der Entwicklung verläuft häufig – vor allem beim Knaben – von der Mutter als Selbstobjekt (hauptsächlich mit der Funktion, das Kind zu spiegeln) zum Vater als Selbstobjekt (hauptsächlich mit der Funktion, durch das Kind idealisiert zu werden).« (HdS 161) Allerdings kann auch der gleichgeschlechtliche Elternteil beide Funktionen erfüllen, oder die Abfolge ist verändert, in jedem Fall ist aus der Sicht des Kindes eine Bewegung vom Exhibitionismus zum Voyeurismus hin zu verzeichnen. So können mißglückte Entwicklungsschritte am ersten Objekt durch Erfolge mit dem zweiten kompensiert werden; d.h., daß die Stärke des einen Pols oft in der Lage ist, die entwicklungsbedingte Schwäche des anderen zu kompensieren. Mit diesem »Entwurf« der Bipolarität des Selbst meint Kohut, »die vielen Schattierungen und Arten oder Typen des Kern-Selbst« verstehen und einordnen zu können. (HdS 162) Nach diesem Modell kommt es erst dann zu einer pathologischen Entwicklung, wenn beide Chancen nicht genutzt werden können, weil – dies ist ja nach Kohut der häufigste Grund – die pathogene Persönlichkeitsstörung der Selbstobjekte (HdS 164f.) dies nicht zuließ. Betont werden muß aber dennoch, daß der Ursprung des schadhaften Selbst in »mangelhaften Wechselbeziehungen« und der »Qualität der Interaktion« (DSdS 98) liegt, was bedeutet, daß es weniger einzelne traumatische Ereignisse sind als eher eine chronisch andauernde, emotional »ungesunde Atmosphäre« (DSdS 102), die durch die Haltung, das Handeln der Selbstobjekte vermittelt wird und pathogenen Einfluß besitzt. Im Grunde genommen müssen die Selbstobjekte über ein kohärentes Selbst verfügen, das sich empathisch auf die wechselnden Bedürfnisse des Kindes einstimmen läßt und darüber eine stützende Umgebung bereitstellt. Wenn Eltern jedoch kein Empfinden für die Nöte, Bedürfnisse und wechselnden

Stimmungen ihres kleinen Kindes haben und statt dessen nur auf ihr eigenes, fragil etabliertes Selbst eingestimmt sind, so versagen sie als Selbstobjekte, die phasenadäquat reagieren können müssen. Als Veranschaulichung für eine solche Situation führen Kohut und Wolf folgendes Beispiel an: »Ein kleines Mädchen kommt aus der Schule nach Hause, begierig darauf, der Mutter von einigen Erfolgen zu erzählen. Doch anstatt stolz zuzuhören, lenkt die Mutter das Gespräch von dem Kind auf sich selbst, beginnt, über ihre eigenen Erfolge zu sprechen, die die ihrer kleinen Tochter in den Schatten stellen.« (DSdS 103) In einem anderen Fall mag der Vater die Idealisierungswünsche seines Sohnes zurückweisen, indem er nicht von seinen großen Taten erzählen mag, da ihn dies verlegen macht und er lieber »für sein geschwächtes Selbst eine temporäre Quelle der Vitalität im Wirtshaus« findet, »wo er mit Freunden trinkt und Gespräche führt, mit denen sich die Beteiligten gegenseitig stützen« (DSdS 103).

Fallen also beide Möglichkeiten der Selbst-Konsolidierung für das Kind aus, kann auch die Chance der Kompensation des einen Pols durch den anderen nicht genutzt und es muß auf eine defensive Strukturbildung zurückgegriffen werden. Erst in solchen Fällen spricht Kohut von Selbst-Pathologie, deren verschiedene Formen er in primäre und sekundäre Störungen einteilt. Die Störungen sekundärer Natur haben in Kohuts Selbstpsychologie eigentlich keinen Platz, stellen sie doch die Reaktionen eines gefestigten und kohärenten Selbst auf vielfältige Belastungen und Krisen, kurz: auf die Wechselfälle des Lebens dar. Nach Kohut kann gerade ein starkes Selbst über eine große Schwankungsbreite von Gefühlen, positiver wie negativer Art, verfügen, da eine intakte Struktur sich nicht vor der Intensität des Erlebens fürchten muß. Im Gegensatz dazu sind die primären Störungen Defekte des Selbst, wobei je nach Art, Schwere und Ausmaß fünf pathologische Klassen unterschieden werden: 1. Psychosen, bei denen kein genügend kohärentes Kern-Selbst gebildet wurde, so daß eine permanente Fragmentierungsgefahr besteht, die nur mühsam abgewehrt werden kann; 2. Borderlinezustände, bei denen eine komplexere und besser organisierte Abwehr wirksam ist, die das Auseinanderbrechen des Selbst oder das ständige Chaos des Kern-Selbst verdeckt. Ursächlich vermutet Kohut eine pathogene Interaktion mit dem Selbstobjekt, das das sich gerade entfaltende kindliche Selbst nicht aus der Verschmelzung entlassen wollte; 3. schizoide und paranoide Persönlichkeiten, die sich hauptsächlich einer Distanzierung bedienen (im ersten Fall durch emotionale Kälte, im zweiten durch Feindseligkeit und Mißtrauen), um der Gefahr einer Fragmentierung oder Schwächung ihres Selbst zu entgehen. Kohut meint, daß diese Menschen sich sehr früh vor dem schädigenden Eindringen eines depressiven, hypochondrischen oder ähnlich gestörten Selbstobjekts durch inneren Rückzug schützen mußten. Diese drei primären Psychopathologien des Selbst sind nun nicht durch psychoanalytische Therapie behandelbar, da die Patienten nicht in der Lage wären, »die Frustrationen der wiederbelebten narzißtischen Bedürfnisse ihres verwundbaren Selbst zu ertragen, denen sie der Durcharbeitungsprozeß in der Analyse aussetzt, ohne daß eine langandauernde Fragmentierung oder Entleerung des Selbst eintritt« (DSdS 100). Unter den primären Störungen hält Kohut also allein die letzten beiden, 4. die narzißtischen Persönlichkeitsstörungen und 5. die narzißtischen Verhaltensstörungen, für analysierbar. Bei beiden findet sich ein temporäres Auseinanderbrechen, eine Schwächung oder starke Verzerrung des Selbst, was sich jedoch in einer unterschiedlichen Symptomatik ausdrückt. Dabei weisen die narzißtischen Persönlichkeitsstörungen eine autoplastische Verarbeitung (Anpassung durch Veränderung des Selbst) auf (Symptome sind Depression, Hypochondrie, Überempfindlichkeit gegenüber Mißachtung und Zurücksetzung), während die narzißtischen Verhaltensstörungen eher alloplastische Symptome (Anpassung durch Veränderung der Umwelt) zeigen, wie Perversion, Sucht oder Delinquenz. Im einen Fall wird der primäre Defekt durch *Phantasien* defensiv verdeckt, während im anderen Fall diese Funktion dem *Verhalten* zukommt. Wesentlich ist dabei, daß die defensiven Aktivitäten nicht wirksam sind, was deren rastlose und wiederholte Ausübung erklärt. So handelt es sich im Fall der Sucht aus selbstpsychologischer Perspektive weniger um eine Stimulierung erogener Zonen durch orale Einverleibung als um den Versuch, die strukturelle Leere im Selbst durch Essen, Trinken etc. zu füllen. Diese Aktivitäten erfüllen eine defensive Funktion: Abgewehrt wird »das angstvolle Gefühl der Fragmentierung des Selbst« (HdS 170). Und da auch keine Lust in süchtigem Verhalten liegt, kann Kohut seine Kernthese, daß die Probleme des Selbst in triebpsychologischen Begriffen nicht angemessen erfaßt werden können, anhand dieses Beispiels erneut verdeutlichen. (HdS 170 Fußnote)

Diese Einteilung wurde noch weiter ausgearbeitet, so daß es möglich wurde, »Syndrome der Selbst-Pathologie« (DSdS 103) darzustellen, die sich genauer mit spezifischen Selbst-Zuständen befassen. So werden vier Formen unter den Bezeichnungen »unterstimuliertes Selbst«, »fragmentierendes Selbst«, »überstimuliertes Selbst« und »überlastetes Selbst« beschrieben. (DSdS 103-106)

Das unterstimulierte Selbst. Hier herrscht ein Mangel an Vitalität vor, der ätiologisch in Zusammenhang mit einem frühen Mangel an stimulierender Resonanz seitens der Selbstobjekte steht. Aufgrund dieses Mangels bedienen sich diese Menschen vielfältiger Methoden, um mittels einer Erregung das schmerzliche Gefühl der Leblosigkeit abzuwehren bzw. zu überdecken. Sich Schmerzen zufügen, den Kopf gegen die Wand schlagen, zwanghaftes Masturbieren, suchtartige Promiskuität, Glücksspiel, Drogen, Risikosportarten und vieles andere können hier angeführt werden, um die defensiven Aktivitäten zu beschreiben, mit deren Hilfe die leere Depression eines einsamen, ungespiegelten Selbst überwunden werden soll.

Das fragmentierende Selbst. Fragmentierungszustände sind ubiquitär, kommen also bei psychisch Gesunden ebenso wie in psychopathologischen Zuständen vor; sie unterscheiden sich nur hinsichtlich der Dauer und des Ausmaßes. So ist auch unser Selbstwertgefühl nach einer Reihe von Mißerfolgen gedrückt, und wir sind irgendwie »desintegriert«, konfus, sind nicht wir selbst oder haben das Gefühl »auseinanderzufallen«. Bei Menschen mit narzißtischen Persönlichkeitsstörungen fällt allerdings die Tendenz auf, selbst bei geringfügigen Anlässen (die als kränkend erlebt werden) mit einer Fragmentierungstendenz zu reagieren, die sehr schnell große Ausmaße annehmen kann. Ein solcher Patient verliert dann sofort das Gefühl der Kontinuität und Kohärenz für sein Selbst und reagiert darauf mit diffuser Angst. Um die Angst zu binden, kann er dann in eine hypochondrische Befürchtung über Teile seines Körpers gleiten und sich in chronischen Sorgen um seine Gesundheit verlieren. Bei schwerer gestörten Patienten kann die Desintegration/Fragmentierung bis hin zum Gefühl der Auflösung der Selbststruktur erlebt werden, was klinisch einer psychotischen Erkrankung entspricht.

Das überstimulierte Selbst. Dieses Selbst gerät häufig in Zustände, in denen es überstimuliert wird, was ursächlich mit nicht phasengerechten oder unempathisch-übertriebenen Reaktionen der Selbstobjekte zusammenhängt. In Fällen, in denen der grandios-exhibitionistische Pol einer Überstimulierung ausgesetzt war, besteht die Gefahr, daß diese Menschen von unrealistischen, primitiven Größenphantasien überflutet werden (die Spannung und Angst erzeugen), so daß sie versuchen werden, nie Mittelpunkt der Aufmerksamkeit anderer zu werden. Außerdem ist die

Fähigkeit, Freude über eigene Erfolge zu erleben, stark eingeschränkt. Schematisch gesagt, ist das Selbst nicht in der Lage, sich als eigene Quelle von Kreativität und Leistung zu erleben, da die übertriebenen Reaktionen des frühen Selbstobjektes es an die primitiven Größenphantasien fixieren. So machen die unreifen, unmodifizierten Phantasien des archaischen Narzißmus angst, müssen vermieden werden, wobei gleichzeitig die Integration behindert wird, was der Entwicklung, sich selbst als kreative Kraft zu erleben, den Boden entzieht.

Das überlastete Selbst. Dieses ist mit dem überstimulierten Selbst verwandt. Während jedoch dem überstimulierten Selbst die unempathisch-exzessiven Antworten der Umgebung zum Problem wurden, fehlt dem überlasteten Selbst die beruhigende Verschmelzungserfahrung mit dem Selbstobjekt, das einen Schutz gegenüber den eigenen chaotischen Emotionen dargestellt hätte. Es mangelt also an der Fähigkeit zur Selbstberuhigung, da durch das Versagen des Selbstobjektes das Ausbreiten von Angst nicht wirksam gestoppt wurde. »Bei Überlastungszuständen im erwachsenen Leben [...] träumt der Patient vielleicht, er lebe in einer vergifteten Atmosphäre oder sei von Schwärmen gefährlicher Hornissen umgeben; und im Wachzustand wird er dazu neigen, auf sonst kaum bemerkbare Stimuli so zu reagieren, als seien sie Angriffe auf seine Empfindlichkeiten. Er wird sich etwa über Geräusche im Sprechzimmer des Therapeuten beschweren, über unangenehme Gerüche usw.« (DSdS 106) Da diesen Patienten die Ruhe ihrer Selbstobjekte fehlte, ist die Welt in ihrem Erleben feindselig und gefährlich. Allerdings – und dies ist wichtig im Hinblick auf die Abgrenzung zum chronischen Argwohn des Paranoikers – sind diese Störungen temporärer Natur; sie stehen ursächlich immer in Zusammenhang mit einer gerade erlittenen Kränkung ihres Narzißmus.

Neben dieser Einteilung beschreiben Kohut und Wolf zusätzlich noch fünf Charaktertypen, die sich zum Teil zwar mit den angeführten Selbst-Pathologie-Syndromen, wo es um die *Zustände* des Selbst ging, überschneiden, doch liegt der Akzent bei den Persönlichkeitstypen mehr auf dem *Verhalten* der im narzißtischen Bereich gestörten Individuen.

Nach Spiegelung hungernde Persönlichkeiten suchen beständig nach bestätigenden und sie bewundernden Selbstobjekten, die ihr leeres und ausgehungertes Selbst füllen könnten. Ihr inneres Gefühl von Wertlosigkeit treibt sie dazu, die Aufmerksamkeit anderer zu erregen und über deren bestätigende Reaktionen eine (oftmals nur kurzfristige) Stützung ihres schwachen Selbstwertgefühles zu erreichen.

Nach Idealen hungernde Persönlichkeiten suchen idealisierbare Selbstobjekte (Menschen, die sie wegen ihres Status, ihrer Macht, Schönheit, Intelligenz etc. bewundern), da sie sich selbst nur als wertvoll erleben können, wenn sie sich in einer solchen Verbindung befinden. Da die Objekte aber den strengen Perfektionsanforderungen nicht genügen, befinden sich solche Persönlichkeiten meist in einem Zirkel von Enttäuschung und Suche nach neuen Ersatzgöttern.

Alter-ego-hungrige Persönlichkeiten suchen Beziehungen zu einem Selbstobjekt, das ihnen gleicht und das die Funktion hat, mittels dieser psychischen Zwillingsexistenz die Wirklichkeit des eigenen Selbst zu bestätigen. Auf Dauer kann jedoch auch der Zwilling die innere Leere nicht ausfüllen; hinzu kommt, daß irgendwann entdeckt wird, daß der andere einem doch nicht so genau gleicht, was zu einem Gefühl der Entfremdung führt. Daher sind auch die meisten Beziehungen dieser Persönlichkeiten nicht von langer Dauer, so daß dieser Typus den beiden anderen darin gleicht, daß immer wieder nach einem Ersatz gesucht werden muß.

Bei diesen drei Charaktertypen will Kohut noch nicht von pathologischen Formen sprechen, da deren Versuche, einen Defekt im Selbst auszugleichen, »Varianten der normalen menschlichen Persönlichkeit« (DSdS 108) darstellen. Anders liegt der Fall bei den letzten beiden Persönlichkeiten, die eindeutig als Beispiele narzißtischer Pathologie angeführt werden, da hier der Umfang des Defektes im Selbst von erheblich größerem Ausmaß ist.

Nach Verschmelzung hungernde Persönlichkeiten haben das Bedürfnis, ihr Selbstobjekt zu kontrollieren. Das Selbst dieser Menschen ist so geschwächt oder defekt, daß sie Selbstobjekte benutzen, um ihre fehlende Selbst-Struktur zu ersetzen. Da sie die Menschen, mit denen sie verschmolzen sind, als ihr eigenes Selbst erleben, sind sie sehr empfindlich gegenüber allen Äußerungen, die auf eine Unabhängigkeit des anderen hinweisen könnten. So können Trennungserfahrungen geringsten Ausmaßes nur schwer verkraftet werden.

Kontaktvermeidende Persönlichkeiten bilden den Gegenpol zu den verschmelzungshungrigen. Sie haben einerseits ein sehr starkes Bedürfnis nach anderen Menschen, fürchten auf einer tieferen Ebene aber, daß die ersehnte Vereinigung ihr Selbst zerstört, und zeigen eine große Empfindlichkeit vor kränkender Zurückweisung. Sie vermeiden jeglichen sozialen Kontakt, um ihr verletzliches Selbst zu schützen. Es wird vermutet, daß diese Form die anderen narzißtischen Persönlichkeitstypen an Häufigkeit weit übertrifft.

Mit dieser Klassifikation legt Kohut gewissermaßen ein Analogon zur klassischen Krankheitslehre der ichpsychologisch orientierten Psychoanalyse vor: Während diese eine Einteilung der psychischen Krankheitsformen auf der Grundlage einer Metapsychologie, die die Triebschicksale ins Zentrum ihrer Überlegungen rückt, vorlegt (die Neurosenlehre), formuliert Kohut seine Nosologie der narzißtischen Pathologie, indem er als Fundament die Perspektive eines beschädigten Selbst wählt, das versucht, Entwicklungshemmungen zu verarbeiten. Im Hinblick auf das Verhältnis der beiden Einteilungen zueinander hat Kohut ja schon auf die Priorität der Selbst-Perspektive hingewiesen. Da in der Neurosenlehre die ödipalen Konflikte an entscheidender Stelle stehen, ist nun zu fragen, wie die Selbstpsychologie dieses so einschneidende Entwicklungsdrama sieht.

Selbstpsychologie und Ödipuskomplex

Nachdem Kohut für die aggressiven und libidinösen Triebregungen eine ergänzende Sicht aus der Perspektive der Selbstpsychologie vorgeschlagen hat, liegt es nun nahe anzunehmen, daß er auch für den klassischen Kernkomplex der Neurosen, den Ödipuskomplex, in dem sich ja diese beiden Bestandteile mit einer Objektbeziehungsdramatik verbinden, einen veränderten theoretischen Status vorgesehen hat.

Aus seiner Sicht ist das klassische Postulat, »daß der Ödipuskomplex der Kernkomplex der Neurosen ist, das wesentliche Stück im Inhalt der Neurose ist«[57], in dieser exklusiven Stellung nicht länger aufrechtzuerhalten. Bevor Kohut in der *Heilung des Selbst* schließlich in einem eigenen Kapitel seine Ansichten zum Ödipuskomplex aus selbstpsychologischer Perspektive formuliert, hat er sich bereits 1971 die Frage vorgelegt, ob die Beschäftigung mit dem Narzißmus nicht dazu führen könnte, die objektalen Triebkräfte in ihrer Bedeutung zu unterschätzen. Er hatte Befürchtungen, sich zu weit vom psychoanalytischen Mainstream und den klassischen Grundlagen, die er doch jahrelang am Chicagoer Institut als Mr. Psychoanalyse gelehrt hatte, zu entfernen.

Ausgangspunkt der Kohutschen Revision war auch hier wieder die klinische Empirie, die sich ihm in Form von zwei Beobachtungen aufdrängte. 1971 beschreibt er zwei Störungsformen, deren Gemeinsamkeit darin besteht, daß sie das Wesen ihrer jeweiligen Kernpathologie verschleiern. »Pseudo-Übertragungsneurosen« und »pseudonarzißtische Erkrankungen« täuschen in ihrer Symptomatik etwas vor, was ihrem Wesen nicht entspricht. So finden sich bei letztgenannter Pathologie zunächst (scheinbar narzißtische) Empfindlichkeiten und Klagen, bis im Laufe einer tieferschürfenden Analyse klarer eine ödipale Problematik, z.B. in Form von Kastrationsangst und phallischer Rivalität, zum Vorschein kommt. Wichtiger, jedoch auch seltener ist die zweite paradigmatische Krankheitsform, deren Behandlung nach Kohut »zu den aufreibendsten und schwierigsten Aufgaben gehört, vor die sich der Analytiker gestellt sieht« (ZdP 215). In diesen Fällen verweist die Symptomatik auf eine klassische Neurose, die der Analytiker gemäß der orthodoxen ichpsychologischen Standardtechnik mit Deutungen angeht. Allerdings kommt er damit nicht zum gewünschten Ziel; das Ergebnis kann katastrophal aussehen: Die Patienten agieren wild, überhäufen den Analytiker mit unverblümt offenen Liebeswünschen, drohen vehement mit Selbstmord o.ä. Kohut zufolge leiden diese Patienten im Kern an einer Selbst-Störung, genauer: Sie sind ständig um die Aufrechterhaltung der Kohäsion ihres Selbst mittels Stimulation (daher das Agieren im Sinne einer Pseudohysterie) bemüht, weil dieses in der frühen Bildungsphase nicht fest genug etabliert werden konnte. Ihnen fehlte die sie widerspiegelnde Freude (mirroring) ihrer Selbstobjekte, »so daß sie der Selbststimulierung bedurften, um den drohenden Zerfall ihres erlebenden und handelnden Selbst zu verhindern. Die Konflikte und Ängste der ödipalen Phase wurden paradoxerweise zu einem Abhilfe gewährenden Reiz, indem gerade die Intensität der von ihnen ausgehenden Unlust von der Psyche als Antidot gegen die Fragmentierungstendenz des Selbst benutzt wurde – so wie ein Kind versucht, mittels eines selbst beigebrachten Schmerzes, z. B. mit dem Kopf an die Wand schlagen, ein Gefühl des Lebendigseins und der Kohäsion aufrechtzuerhalten.« (ZdP 216) Bei diesen Patienten dient die (pseudo-)ödipale Symptomatik der Abwehr; daher reagieren diese mit Angst und Intensivierung des Agierens, wenn der Analytiker den Versuch unternimmt, sie durch Deutungen der objektalen Triebwünsche ihres Antriebes (der die Selbststimulierung zum Ziel hat) zu berauben. Diese Dynamik hält solange an, bis sich der Analytiker empathisch dem aufgelösten (fragmentierten) Selbst nähert.

Die zweite Beobachtung besteht darin, daß Kohut zufolge (im Vergleich zu Freuds Zeiten) die Mütter heutzutage älter seien, d. h., ihre Kinderwünsche später realisieren. Er möchte damit auf eine Veränderung der Umwelt aufmerksam machen, in der die Kinder heute aufwachsen, die er als langsamen, graduellen Trend ansieht. Es stehe außer Frage, so seine Argumentation, daß die Familien heute kleiner sind als früher; es gibt weniger Kinder in der Familie als zu Beginn des Jahrhunderts, so daß sich dies als ein Verlust der erregenden Stimulierung, die früher durch ein intensives Einbezogensein in einer Großfamilie gewährleistet war, beschreiben läßt. Auch daß die heutigen Mütter wahrscheinlich eher älter sind als früher, führe dazu, daß sie weniger dynamisch (less vibrant) agieren, was insgesamt zu subtilen Veränderungen in der Familienatmosphäre führen dürfte. (CIL 264) Kohut betrachtet nicht »Faktoren«, die eine Pathologie verursachen (verführende Eltern, verbietende Eltern, ambivalente Eltern, die Ankunft eines Geschwisters etc.), sondern möchte sich der schwierigeren Aufgabe widmen, »feine, chronische Defizite in der Familienatmosphäre« (CIL 264) zu identifizieren, deren Einfluß auf das sich bildende Selbst schwerer auszumachen ist. Die Pathologie in diesen Fällen (wo etwas fehlt, wo das Kind entkräftete, ältere Eltern erlebt, die entfernt erscheinen oder die sich bizarr verhalten oder die deshalb Kinder haben, weil sie dem externen Schema unterliegen, daß die Gesellschaft dies von ihnen verlange) ist sehr verschieden von der Überstimulierung, die bisher von der Psychoanalyse beschrieben wurde. (CIL 265) Das Kind solcher Familien mag denken: »Was für eine Welt ist dies hier? Hier bin ich, mich stolz zeigend, und dann ist da nur Stille.« (CIL 266)

Kohut meint, einen Trend erkennen zu können, dem zufolge sich Selbst-Störungen heutzutage häufiger in psychoanalytischen Praxen finden als noch zu Freuds Zeiten und der mit der skizzierten gesellschaftlichen Entwicklung zusammenhängt.[58] Denn s.E. ist die Überstimulierung der Kinder durch ihre Selbstobjektumgebung »eine genetische Determinante« (HdS 257) für die spätere Erkrankung an einer Neurose, während die heute weiter verbreitete Unterstimulierung bestimmend für die Manifestation einer Selbst-Störung ist. Beide Formen gehen letzten Endes auf vorhandene Persönlichkeitsstörungen der Eltern zurück, die im einen Fall einen neurotischen Konflikt mit den Kindern ausagieren, im anderen Fall aufgrund von Empathiemängeln das Kind der empathischen Spiegelung und ihrer Idealisierungsfigur berauben. (HdS 269 f.)

Im Hinblick auf die theoretische Einschätzung des Ödipuskomplexes möchte Kohut die klassische Position relativieren und sie um einen neuen Gesichtspunkt bereichern. Wie bekannt, entwickelt sich im Ausgang der phallischen Phase, etwa um das vierte bis fünfte Lebensjahr herum, beim kleinen Kind ein organisierter Komplex von Liebes- und feindseligen Wünschen seinen Eltern gegenüber, der es in eine Reihe von Konflikten stürzen läßt. Darauf reagiert es mit starken autoplastischen Anpassungsversuchen seines psychischen Apparates, woraus sich folgende wichtige Veränderungen ergeben: Libidinöse Impulse müssen aufgegeben und verdrängt werden (sie bleiben als bedeutsame

Bilder im Es weiter wirksam); es findet eine Identifizierung mit dem gleichgeschlechtlichen Rivalen statt, die in der Folge zu einer wichtigen psychischen Strukturkomponente wird und schließlich Form und Inhalt des Über-Ich bestimmt. Arbeitet der psychische Apparat nicht zuverlässig in der Bildung dieser Formationen, so entsteht eine zentrale Disposition zur Entwicklung einer strukturellen Psychopathologie (Neurose). Daher kann psychische Gesundheit auf dieser Grundlage definiert werden: Aus der Lösung der zentralen ödipalen Konflikte erwächst eine strukturell gefestigte Organisation, die auf mögliche Konflikte und Probleme flexibel und angemessen reagieren kann, indem sie die notwendigen Anpassungen vornimmt. (HdS 234 f.) Der von Kohut hinzugefügte Aspekt besteht nun in folgender Annahme: »Das Bestehen eines stabilen Selbst ist eine Voraussetzung für die Erfahrung des Ödipuskomplexes.« (HdS 235) Damit meint er, daß sich das Kind erst dann als Träger dieser objektgerichteten Strebungen, als abgegrenzter Handelnder, der über eigene Wünsche verfügt, erleben kann, wenn es über ein gefestigtes, kohärentes Selbst verfügt. Erst auf dieser Grundlage wird es »selbstbehauptend-possessive, zärtlich-sexuelle Wünsche nach dem andersgeschlechtlichen Elternteil und selbstbehauptende, selbstbewußte, wetteifernde Gefühle gegenüber dem gleichgeschlechtlichen Elternteil erleben« (HdS 237). Den Hintergrund dieser Betrachtungsweise bildet das genuin psychoanalytische Prinzip der genetischen Kontinuität, d. h., Früheres bestimmt (im Sinne einer mehrfachen Determinierung) die nachfolgende Entwicklung. Kohut setzt hier – aus seiner Kenntnis der Bildungsgeschichte des Selbst – diesen zentralen Faktor, den er als den Triebäußerungen übergeordnet ansieht, in das ödipale Szenario ein und versucht, das ödipale Geschehen unter dem Aspekt der empathischen oder unempathischen Reaktionen seitens der elterlichen Selbstobjekte zu betrachten. So werden normal empathische Eltern sich auf die libidinösen und aggressiven Strebungen des Kindes einstimmen und entsprechende Reaktionen bei sich verspüren, doch werden sie auch »Freude und Stolz über diese Entwicklungsleistung« (HdS 238) zeigen und seine Selbstbehauptung schätzen. Dabei betont er, daß die entsprechenden Reaktionen der Eltern auf die Triebäußerungen des Kindes »zielgehemmt«, also abgeschwächt und durch deren Ich moduliert sind, damit das Kind via umwandelnder Verinnerlichung psychische Strukturen erwirbt. Im Gegensatz dazu sei es »eindeutig schädlich für den reifenden psychischen Apparat des Kindes, wenn die elterlichen Reaktionen auf die ödipalen Manifestationen grob sexuell oder grob gegenaggressiv sind« (HdS 238). Neben dieser Bedingung hält Kohut aber den zweiten Aspekt der elterlichen Reaktionen auf das ödipale Kind für entscheidend dafür, daß ein Entwicklungsfortschritt und keine pathogene Hemmung eintritt: Ist das elterliche Selbst voll konsolidiert, dann reagiert es zwar leise, doch alles durchdringend mit Freude und Stolz. (HdS 240) Fehlen diese notwendigen und das Selbst unterstützenden elterlichen Antworten auf das neue selbstbehauptende Verhalten des Kindes, dann werden die ödipalen Konflikte »eine bösartige Qualität annehmen« (HdS 241). Der Gesamtkomplex wird dann in isolierte Teile gebrochen, da die Eltern aufgrund eigener ungelöster Konflikte verzerrt reagieren, indem sie dem Kind eine »alarmierende Sexualität und eine alarmierende Feindseligkeit« (HdS 241) zuschreiben, was die Konflikte des Kindes nur intensiviert. Im Gegensatz dazu erlebt ein Kind, dessen Eltern empathisch-fördernd reagieren, die ödipale Phase mit einer Beimischung von Freude 1. über das Gefühl eines entwicklungsmäßigen Vorankommens und 2. über die Teilhabe an dem Stolz und der Freude der Eltern. (HdS 242) Diese »wichtige Schicht menschlicher Erfahrung« (HdS 243) blieb von der bisherigen Theorie unberührt; die Psychologie des Selbst sieht in der ödipalen Phase »die Matrix, in der ein wichtiger Beitrag zur Festigung des unabhängigen Selbst stattfindet, der es befähigt, seinem eigenen Programm mit größerer Sicherheit als zuvor zu folgen« (HdS 244).

Kohut bekämpft die orthodoxe Auffassung, daß »jede Heilung auf der Analyse des Ödipuskomplexes beruht« (WhdP 25), und demonstriert, daß das ödipale Geschehen nicht notwendigerweise die letzte Grundlage der Störungsformen bildet. Obwohl er meint, daß die Häufigkeit des Auftretens ödipaler pathologischer Entwicklungen (Ödipuskomplex) im Vergleich zu früher abgenommen hat, geht er doch von der Ubiquität der ödipalen Phase aus. Dieser Widerspruch läßt sich auflösen, wenn man Kohuts Sprachgebrauch folgt: Vom ödipalen *Stadium* spricht er, wenn er den mit Freude und Stolz erlebten Schritt des gesunden Kindes meint, dessen Selbstobjekte auch fähig sind, angemessen empathisch auf es zu reagieren; mit dem Begriff Ödipus*komplex* bezeichnet er die pathologische Entwicklung, die das Kind aufgrund der sexuellen und aggressiven Stimulation der elterlichen Reaktionen nimmt; von ödipaler *Periode* oder *Phase* spricht er nicht, um die normale oder die pathologische Form zu bezeichnen, sondern einzig, um eine zeitlich begrenzte Phase anzusprechen, deren entwicklungsmäßige Regelmäßigkeit er betonen möchte. (WhdP 305) Obwohl nicht-pathogene Residuen eines Ödipuskomplexes und der Kastrationsangst sich in jedem menschlichen Wesen finden lassen, möchte Kohut den Ödipuskomplex nicht als »normal« ansehen, da der tiefere Grund für sein Entstehen im »Aufbrechen des Selbst«, das »die Triebe isoliert«, zu suchen ist. (WhdP 51)

Beispielhaft soll Kohuts Sichtweise noch einmal an einem zentralen Stück psychoanalytischer Theorie erläutert werden: dem sog. »Penisneid«, der der klassischen Auffassung zufolge wesentliche Bedeutung für die weibliche Entwicklung, insbesondere beim Aufbau weiblichen Selbstwertgefühls, besitzt. Kohut leugnet nicht, daß der Anblick des männlichen Genitals beim Mädchen der phallischen Phase einen großen Eindruck hinterläßt und daß dieser auch als Kristallisationspunkt für seinen Neid dient. Genauso wird beim kleinen Jungen das Gewahrwerden des Penisbesitzes einen großen Eindruck machen und seine Neigung zur Grandiosität verstärken. Kohut stimmt auch der klassischen Auffassung zu, daß diese Verletzung des Körper-Narzißmus unvermeidbar und somit bei allen Frauen aufzufinden ist. Was er jedoch in Frage zieht, ist die Selbstverständlichkeit, mit der davon ausgegangen wird, daß der Penisneid *per se* ein bedeutsamer Faktor ist, der verantwortlich gemacht werden kann für Persönlichkeitsveränderungen (Selbstwertprobleme), narzißtische Persönlichkeitsstörungen oder die Hauptmotivationskraft zur Weiblichkeit bei Frauen, insbesondere daß er dem Kinderwunsch unterlegt sei. (SfS 2 785 f.) Diese Reduktion des Kinderwunsches auf den Penisneid (in der tiefsten Schicht) hielt Kohut immer schon für eine der wenigen verzerrten Ansichten Freuds und kann ihr keine generelle Gültigkeit zubilligen. Demgegenüber glaubt er, daß der Kinderwunsch einer gesunden Frau angemessener als Ausdruck ihres Kern-Selbst, ihrer Strebungen und Ideale, begriffen werden kann; kurz: als Höhepunkt einer Entwicklung, die ihren Ausgang nimmt, wenn das archaische Selbst nach Selbst-Ausdruck drängt. In seinen Augen kann die Triebtheorie allgemein und die Hypothese des Antriebs durch die Frustration der phallisch-exhibitionistischen Wünsche des kleinen Mädchens im besonderen nicht den gesunden weiblichen Kinderwunsch erklären. Nur im Falle der pathologischen Entwicklung, die Kohut, wie oben dargestellt, durch Selbstobjektmängel beginnen läßt, ist der Kinderwunsch auf den Penisneid zurückführbar. In Kohuts Auffassung ist es nicht der Penismangel, der die Ursache für die schweren Störungen des Selbstwertgefühls abgibt, sondern eher die umgekehrte kausale Sequenz: Das (depressive) Gefühl einer Frau, kastriert, nicht gleichwertig zu sein, und die lebenslange Haltung von (paranoider) Wut und Rachsucht wegen dieser narzißtischen Kränkung wachsen auf dem Boden genereller und tieferer narzißtischer Entbehrungen. Erst wenn das Selbst also wegen des Ausbleibens der Spiegelung und des Verschmelzens mit dem idealisierten anderen zerfällt, wird die Kränkung des phallischen Exhibitionismus zu einem bedeutsamen Abfall des Selbstwertgefühls führen und in der Folge zu chronischer Wut und (destruktivem) »Penisneid«. Letzterer steht also hier bereits als Chiffre für die Kränkung des Selbstwertgefühls durch das Ausbleiben der Spiegelung oder Verschmelzungsmöglichkeit durch das elterliche Selbstobjekt. Hier kann der Kinderwunsch sehr oft das Bemühen der Frau ausdrücken, eine Störung ihres Selbst zu heilen, und hier ist dann die Grundlage für ihr Versagen als späteres Selbstobjekt und somit für eine Pathologie ihres Kindes zu sehen. (SfS 2 787-791)

Zusammenfassend lassen sich folgende Argumentationsschritte für Kohuts Neubewertung der Stellung des Ödipuskomplexes aus selbstpsychologischer Sicht angeben:

1. Voraussetzung für die Erfahrung der ödipalen Phase ist das Bestehen eines stabilen (präödipalen) Selbst. Das Kind muß sich zuerst als abgegrenzte und kontinuierliche (identische) Einheit mit eigenen Antrieben erleben, bevor es fähig ist, die objektgerichteten Wünsche zu erfahren, die es in konflikthafte Spannungen mit den elterlichen Objekten bringt.

2. Die ödipale Erfahrung stellt als Entwicklungsfortschritt einen positiven Aspekt dar, der sich anfänglich in Gefühlen von Freude und Stolz (über die eigene Selbstbehauptung) beim Kind ausdrückt.

3. Als zweite Voraussetzung für die gesunde Entwicklung wird eine adäquate Selbstobjektumgebung verlangt, die darin be-

steht, daß die elterlichen Selbstobjekte angemessen (zielgehemmt und modulierend) und empathisch (ebenfalls freudig und stolz) reagieren können.

4. Ist das elterliche Selbst jedoch nicht im narzißtischen Gleichgewicht und versagt im Sinne von Punkt 3, so wird durch die mangelnde Stützung des kindlichen Selbst tiefsitzende Desintegrationsangst aktiviert, die der sich zeigenden Kastrationsangst unterlegt ist. Die pathogenen Reaktionen der Eltern bestehen darin, daß sie die ödipalen Strebungen des Kindes verkennen, sie als isolierte Teile wahrnehmen und auf sie alarmiert reagieren. Als Folge davon und des zerbrechenden Selbst intensivieren sich Sexualität und Aggression beim Kind, und die normale ödipale Phase entgleist. In einem strikten Sinne wird der Ödipuskomplex in Kohuts Auffassung an dieser Stelle durch eine Empathiestörung der Eltern »hergestellt«.

In Kohuts Verständnis entsteht der (pathologische) Ödipuskomplex also erst durch eine ödipale Selbstobjektstörung, während das (normale) ödipale Stadium als weitere wichtige Chance für die Konsolidierung eines geschlechtsspezifischen Selbst angesehen wird. Es wird jetzt deutlicher, was Kohut eigentlich meint, wenn er schreibt, daß »ein ganzer Sektor der menschlichen Psychologie im wesentlichen von den ödipalen Erfahrungen des Kindes unabhängig ist und daß der Ödipuskomplex nicht nur das Zentrum eines gewissen Typs von psychologischer Störung ist, sondern daß er ebenso auch ein Zentrum psychologischer Gesundheit ist« (HdS 127). Es deutet sich nämlich die Tendenz an, die Entwicklung des Selbst so sehr in den Vordergrund zu rükken, daß die zentrale Schaltstelle der Triebdynamik – der Ödipuskomplex – nicht mehr parallel oder komplementär zu fokussieren ist, sondern dem selbstpsychologischen Standpunkt einverleibt wird. Dieser Trend wird sichtbar, wenn man sich die Frage stellt, anhand welchen Kriteriums Kohut jetzt eigentlich noch Selbst-Störungen von strukturellen Konfliktneurosen abgrenzen kann. In der *Heilung des Selbst* gibt er selbst der genannten Tendenz Ausdruck, wenn er sagt, »daß strukturelle Pathologie und Erkrankungen des Selbst [...] auf die gleiche Ursache zurückzuführen sind« (HdS 269). Gemeint ist hier, daß in beiden Fällen die Pathologie der Eltern die Grundlage für die Störung abgibt. Unterschiedlich ist einzig die jeweilige Art der elterlichen Störung, die sich entweder in Form einer Unter- oder Überstimulierung ausdrückt. Während die Überstimulierung als Ausdruck übergroßer elterlicher Nähe entscheidend zur Entwicklung einer strukturellen Neurose beiträgt, ist die elterliche Ferne (als Unterstimulierung) Ausdruck einer Selbst-Störung des Elternteils, die durch die Abschirmung der Kinder diese der empathischen Spiegelung beraubt und eine Selbst-Pathologie vorbereitet. (HdS 269 f.)

Kohut kann die Frage nach der Stellung der Konfliktneurosen innerhalb des selbstpsychologischen Rahmens nicht abschließend beantworten, da ihm »eine Definition der Essenz der Störung [...] gegenwärtig leider nicht mit derselben Sicherheit« (WhdP 28) möglich ist wie bei den narzißtischen Persönlichkeitsstörungen. Statt dessen hofft er, über eine genauere Differenzierung »zwischen (a) den Schwächen des Selbst, die zu den Triebphänomenen führen, welche man bei den narzißtischen Persönlichkeitsstörungen antrifft [...], und (b) den Schwächen des Selbst, die zu der Intensivierung und Isolierung von Trieben führen, die den klassischen ödipalen Neurosen zugrunde liegen« (WhdP 30), nähere Aufschlüsse zu erhalten. Des weiteren wäre es notwendig, präziser zwischen den Mängeln des Selbstobjektmilieus zu unterscheiden, die der narzißtischen Pathologie zugrunde liegen, und jenen, die zu ödipalen Störungen führen. Da hierzu noch keine eindeutigen Antworten vorliegen, kann Kohut nur vermuten, daß das Selbst der ödipalen Störung weniger schwere Veränderungen hinnehmen mußte, die noch dazu von einer anderen Qualität seien als bei der narzißtischen Pathologie. Könnte diese qualitativ andere Veränderung im Selbst, so Kohut in seinem letzten Buch, nicht mit dem Unterschied zwischen den unter- und überstimulierenden elterlichen Figuren der Kindheit zusammenhängen? (WhdP 30) Kohut fällt selbst auf, daß er – sollte seine These stimmen – mit diesem Konzept zu Freuds sog. »Verführungstheorie« zurückgekehrt wäre. Diese erste, frühe Theorie einer Verführung hatte Freud nach dem Modell eines traumatischen Eingriffs von *außen* konzipiert, während die spätere, theoretisch ausdifferenziertere Sicht den Trieb als einen Angriff von *innen* ins Zentrum rückte. Bei Kohut wird nun der Realität als ätiologischem Faktor für die Entstehung psychischer Störungen große Bedeutsamkeit eingeräumt, wobei, so könnte man vermutend hinzusetzen, in gleichem Maße die Rolle des Triebfaktors in seiner Theorie in den Hintergrund rückt. In Kohuts Selbstpsychologie erhalten die realen elterlichen Selbstobjekte eine den traumatischen Kräften der Verführungstheorie analoge Stellung. Deren potentiell pathogene Einwirkung sieht Kohut in einer spezifischen Verzerrung ihrer empathischen Fähigkeiten; er bezieht dabei offene sexuelle Aktivitäten der erwachsenen Selbstobjekte mit ein. (WhdP 30 f.)

Um noch einmal auf die selbstpsychologische Schwierigkeit der Unterscheidung zwischen Psychoneurosen und Selbst-Störungen einzugehen: Kohut führt beide letzten Endes auf ein – möglicherweise spezifisches, unterschiedliches – Versagen der elterlichen Selbstobjekte zurück und kann in dieser Gemeinsamkeit die psychoneurotische Störungsform im Rahmen seiner Selbstpsychologie erklären. Damit gibt er jedoch bereits tendenziell die in seinem zweiten Buch vertretene Haltung einer theoretischen Komplementarität zwischen Konflikt- und Selbstpsychologie auf, indem er aus seinem neuen Blickwinkel heraus

Neurosen nur noch als »sekundäre Selbst-Pathologie«[59] auffaßt und damit den Erklärungsanspruch seiner gerade eigenständig gewordenen neuen Psychologie des Selbst sehr ausweitet. Dieser weitreichende Anspruch der Selbstpsychologie, den Kohut im »Epilog« der *Heilung des Selbst* näher ausführt und durch die mittlerweile vielfach veränderten Bereiche des modernen Lebens begründet (vgl. dazu auch den Aspekt der »künstlerischen Vorwegnahme der Psychologie des Selbst«; HdS 279ff.), führt ihn auch dazu, solch umfassende Begriffe wie »Gesundheit« und »Heilung« aus selbstpsychologischer Perspektive zu definieren. (HdS 275) Heilung wird jetzt »in Begriffen der Erzielung von Selbst-Kohärenz« (HdS 276) ausgedrückt, da es letztlich an dieser Zentralinstanz, dem Selbst, liegt, ob das Leben als erfüllt angesehen werden kann. So können Menschen mit einem mangelhaft konstituierten Selbst trotz der Abwesenheit von Symptomen und Konflikten ihr Dasein als nicht freudvoll empfinden, während Menschen mit einem fest umrissenen Selbst sogar bei Anwesenheit schwerer neurotischer Störung ihre Existenz als fruchtbar und erfüllt erleben können. Die beiden miteinander verbundenen Probleme, wann eine Analyse als beendet gelten kann und was unter Heilung verstanden werden soll, beschäftigten Kohut zwar am Ende seines zweiten Buches, wo er auf den letzten Seiten kursorisch sogar noch auf die Frage nach der Essenz der Psychoanalyse eingeht, doch schienen ihm diese allzu kurzen Bemerkungen nicht zu genügen, so daß er begann, ein drittes Werk mit dem Titel *Wie heilt die Psychoanalyse?* zu schreiben.

3. Wie heilt die Psychoanalyse?

Kurz vor seinem Tod 1981 vervollständigte Kohut das Manuskript seines dritten Buches, das dann gemeinsam von seiner Frau Elizabeth, Arnold Goldberg und Paul Stepansky bearbeitet und schließlich unter dem Titel *Wie heilt die Psychoanalyse?* (1984, dt. 1989) veröffentlicht wurde. Darin nimmt Kohut den Faden aus der *Heilung des Selbst* wieder auf, indem er sich die gegen Ende des Buches angesprochenen Fragen erneut zur Klärung vorlegt und seinen neu erreichten Kenntnisstand hinsichtlich wesentlicher selbstpsychologischer Konzepte dokumentiert. Bereits in der *Heilung des Selbst* hat Kohut seine Hauptthese hinsichtlich des Heilungsvorganges der Psychoanalyse vorgetragen: Danach finden die strukturellen Veränderungen, die wesentlich für eine Aufhebung der Pathologie eines Patienten sind, nicht infolge »intellektueller Einsichten statt, sondern infolge der allmählichen Verinnerlichungen, die durch die Tatsache bewirkt werden, daß die alten Erfahrungen wiederholt von der jetzt reiferen Psyche durchlebt werden« (HdS 41). Damit relativierte Kohut den Aspekt der veränderungswirksamen »Einsichten« (»Nicht die Deutung ist es, die den Patienten heilt«; HdS 42) zugunsten einer stärkeren Akzentuierung der Beziehung zum Analytiker. Auch im Falle der klassischen Übertragungsneurosen benutze der Patient den Analytiker als Selbstobjekt, da er über die Imago des Analytikers – in Form zahlloser Internalisierungsvorgänge – erst die ihm noch fehlenden Strukturen aufbauen muß. Indem der Analysand die beschwichtigenden, nicht verurteilenden, positiven, entwicklungs- und wachstumsfördernden Aspekte des Analytikers verinnerlicht, kann er die ihm fehlenden Funktionen probeweise übernehmen, »umwandeln« und so neue innere Struktur etablieren. Heilung war nach Kohut auch dann erreicht, wenn die sog. »kompensatorischen Strukturen ein funktionierendes Selbst« (HdS 67) errichten konnten. Dieses pragmatische Kriterium für die Beendigung einer Analyse hielt er der »unrealistischen Behauptung« entgegen, ein Mensch solle »vollständig in allen Sektoren seiner Persönlichkeit analysiert« werden, bzw. die Ansicht, solche »Vollkommenheit [sei] zu erreichen« (HdS 67). Im Falle der narzißtischen Persönlichkeitsstörungen sieht er die Endphase der Analyse dann erreicht, wenn das Selbst des Patienten eine gewisse Stabilität und Kohärenz erreicht hat, die verhindert, daß auf Krisen (z.B. Verlust von Selbstobjekten) mit starker Schwächung oder gar Fragmentierung reagiert wird. (HdS 124) Ist das Selbst in der Analyse genügend stark und kohärent geworden, so daß es als eine sich selbst leitende und unterstützende (durch den Pol der Ideale) und sich selbst antreibende (durch den Pol der Strebungen) Einheit funktionieren kann, dann ist es Kohut zufolge »funktionell rehabilitiert«, somit geheilt. (HdS 125)

Diese Formulierungen und Anschauungen trugen ihm eine Reihe von Kritiken ein, die er als ungerecht empfand. Auch mußte er den Verlust einiger ihm früher treu verbundener Freunde hinnehmen (darunter K.R. Eissler und John E. Gedo), die nun der Meinung waren, Kohut habe sich mehr und mehr von der genuinen Psychoanalyse verabschiedet. Insbesondere nach der *Heilung des Selbst* tendierte Kohut dazu – veranlaßt durch einige der kritischen Reaktionen, mit denen das Buch aufgenommen wurde –, eine ablehnende Atmosphäre hinsichtlich der Rezeption seiner Arbeit wahrzunehmen. So fühlte er sich genötigt, im Januar 1978 explizit festzustellen: »Ich bin sehr darum bemüht, keinen Bruch in der Entwicklung der Psychoanalyse zu unterstützen, und gehe daher bei Theorieveränderungen in gradueller Weise vor.« Sodann stellt er klar, daß er dem Mainstream der Analyse angehört: »Ich unterstütze nicht die Entwicklung einer abweichenden Schule.« (CoL 362 f.) In seinem letzten Buch erklärt er nachdrücklich, »daß der Unterschied zwischen der traditionellen Analyse und der psychoanalytischen Selbstpsychologie den Schwerpunkt betrifft – eine Verschiebung der Betonung vollzieht, die zwar subtil, aber dennoch sehr bedeutsam ist« (WhdP 87). Diese andersartige Akzentuierung der therapeutischen Elemente soll nun nicht die ursprüngliche Formulierung ersetzen, sondern diese nur »ergänzen und verbessern« (WhdP 90).

Er beginnt sein Buch, indem er das Mißverständnis aufgreift, er rate zu unvollständigen Analysen, d.h., gewisse strukturelle Defekte im Selbst sollten in manchen Fällen ungeheilt bleiben. Während Kohut sowohl bei Übertragungsneurosen wie auch bei narzißtischen Persönlichkeitsstörungen die sich in der jeweiligen Übertragung manifestierende pathologische Struktur und archaische Konfliktlage wiederbeleben läßt, um sie schließlich deutend anzugehen, gefolgt von einer längeren Phase des Durcharbeitens (WhdP 20-22), schlägt er für eine gewisse Gruppe ein verändertes Vorgehen vor:

»Wenn es dem Selbst im Laufe seiner Entwicklung in der frühen Kindheit gelingt, sich von einem schwer pathogenen Selbstobjekt zu lösen, wenn es sich mittels einer neuen Entwicklungsbahn ein neues Muster schafft, sein Ziel bei diesem zweiten Versuch der Formung beinahe erreicht, aber schließlich doch scheitert, wenn auch nicht in so großem Umfang, dann wird bei der neuen Chance zu weiterer Selbstentwicklung im erwachsenen Leben, wie sie die Analyse ermöglicht, die spontan ablaufende Reihenfolge von Übertragungen schließlich an dem Punkt zur Ruhe kommen, an dem die Bedürfnisse wieder mobilisiert werden, auf die beim zweiten und vielversprechenderen Versuch des Kindes, sein Selbst zu errichten, nicht reagiert wurde. In der Analyse dieser Fälle – und, wie ich betonen möchte, nur dieser Fälle – wird die Übertragung, nachdem sie kurz die frühen Depressionen und Wutgefühle berührt hat, spontan fortschreiten und sich an einem anderen, späteren Punkt der Entwicklung festsetzen. Und in der Analyse dieser Fälle – und, ich wiederhole, nur dieser Fälle [...] – hat die Erfahrung mich gelehrt, daß es ein Irrtum ist, wenn man versucht, den Patienten zur Analyse archaischer Traumata zu führen.« (WhdP 23)

Man könnte sich hierzu als Beispiel vorstellen, daß das erste Selbstobjekt eine kalte, schwer gestörte, vielleicht psychotische Mutter war, mit der das Kind wiederholt traumatische Erfahrungen machte, so daß es versuchen mußte, sich von ihr zu lösen, um psychisch zu überleben. Dieser Versuch bestand in einer Annäherung an ein zweites Selbstobjekt (Vater, Großvater, Großmutter, Tante, Onkel, Kindermädchen etc.), in der Hoffnung darauf, doch noch die narzißtischen Bedürfnisse erfüllt zu bekommen. Stellt sich dieses als verläßlich heraus, so kann die zweite Chance den ersten Verlust kompensieren. Daher nennt Kohut die Internalisierungen, die von der Imago des zweiten Selbstobjektes ausgehen, auch kompensatorische Strukturen. Die Analyse sollte sich somit nicht mit dem primären Trauma (abgekürzt formuliert) beschäftigen, da es überdies »nicht möglich [sei], traumatische Situationen aus Säuglingszeit und Kindheit wiederzubeleben, auf die das Selbst in seiner frühen Entwicklung aus eigener Kraft konstruktiv reagiert hat« (WhdP 73). Die Abwendung von einem frustrierenden Objekt und das Finden und Gehen neuer Wege sieht Kohut weniger als pathologisch an denn als »ein Zeichen von Wendigkeit und Gesundheit« (WhdP 75).

Damit vertritt er ein pragmatisches Kriterium psychischer Gesundheit, das in Übereinstimmung mit dem Begriff »strukturell vollständiges Selbst« (WhdP 23) definiert wird: Heilung bzw. Abschluß einer Analyse ist erreicht, wenn ein produktives, sinnerfülltes Leben für den Patienten möglich geworden ist. »Strukturelle Vollständigkeit« heißt, daß ein »energetisches Kontinuum« (WhdP 24, 72) zwischen den beiden Polen des Selbst, den Strebungen und den Idealen, in Form eines Spannungsbogens wieder errichtet wurde. Dabei wendet sich Kohut explizit gegen die traditionellen therapeutischen Normen, die psychische Gesundheit mit dem Erreichen bestimmter psychischer Positionen (psychosexuelle Genitalität, Objektkonstanz, postambivalente Objektbeziehung, depressive Position o.ä.) gleichsetzen, da er davon überzeugt ist, daß diese falsch sind. »Obwohl bei vielen, vielleicht bei den meisten Menschen ein befriedigendes und sinnvolles Leben vom Erreichen der Genitalität und der Fähigkeit zu unambivalenter Objektliebe abhängig ist, gibt es viele andere Individuen, die ein gutes Leben gelebt haben, vielleicht sogar eines der größten und erfülltesten in der Geschichte, deren Psychosexualität aber nicht heterosexuell-genital organisiert oder deren Hauptbindung keine unambivalente Objektliebe war.« (WhdP 24) Darüber hinaus sei »ein Analytiker, der darauf besteht, daß die Krankheit seines Analysanden in die spezifische Schablone paßt, die er für universell hält«, und dessen therapeutisches Vorgehen einem Prokrustesbett ähnelt, in das der Patient hineingezwängt wird, eher eine Behinderung denn eine Hilfe auf dem Weg zur Heilung des Patienten. (WhdP 76)

Indem Kohut so argumentiert, traditionelle Standpunkte als Normen angreift, Orthodoxie hinterfragt und sich klassischen Haltungen nicht blind unterwirft, wendet er sich – wie Christopher Bollas vermutet – an seine Berufskollegen. Der Titel des Buches mag zwar *Wie heilt die Psychoanalyse?* sein, doch laute der latente Titel: »Wen heilt die Selbstpsychologie?« Bollas gibt darauf die Antwort: Seiner Meinung nach zielt Kohuts Buch darauf ab, den klassischen Analytiker zu heilen. Kohuts Leser sei der amerikanische klassische Analytiker.[60] Attackiert wird von ihm eine bestimmte Haltung gewisser traditioneller amerikanischer Analytiker, deren »sittenstrenge Reserve« (WhdP 125) und Distanz dem Patienten gegenüber auf einer falsch verstandenen Auslegung von gewissen technischen Ratschlägen beruhen. Als Beispiel führt Kohut das Scheitern einer zweijährigen Analyse eines schwer traumatisierten Patienten an, »weil die Analytikerin darauf bestand, die Position ihres Stuhls zu verändern, damit der Patient ihr nicht mehr in bestimmten entscheidenden Augenblikken ins Gesicht sehen konnte«. Ihre rechtfertigende Erklärung bestand darin, dem Patienten zu sagen, daß »die Regeln der Analyse [...] diese Art der Befriedigung« untersagen, eine »Befriedigung«, die darin bestand, daß der Patient ihr emotional beteiligtes Gesicht zu sehen bekäme. Kohut kommentiert dies mit dem Hinweis auf die Wiederholung der chronisch kalten Haltung der Mutter, »die dem Kind von Geburt an bizarre Verhaltensregeln aufgezwungen hatte und nicht in der Lage gewesen war, mit natürlicher Wärme und Besorgnis auf es zu reagieren. Der Analysand fühlte sich unfähig, diese Veränderung zu ertragen, und beendigte die Behandlung.« (WhdP 316)

Im Hinblick auf das emotionale Klima, in dem Analytiker ihre Analysen durchführen, meint Kohut aufgrund seiner Beobachtungen der letzten zehn Jahre (Supervision von Kollegen) festgestellt zu haben, »daß Selbstpsychologen insgesamt dazu neigen, auf entspanntere Art zu arbeiten, mit ihren Patienten unbeschwerter umgehen, weniger davor zurückscheuen, sich ihren Patienten emotional verfügbar zu machen, wenn das Bedürfnis entsteht« (WhdP 124), während sich die Mehrzahl der traditionellen Analytiker noch immer reserviert verhält. Dabei, so Kohuts These, weiche der Grundsatz des Selbstpsychologen hinsichtlich wesentlicher Bestandteile der Analyse (Setting und Technik) nicht vom klassischen Modell ab. Zu beantworten ist also die Frage, worauf die entspanntere Haltung des selbstpsychologischen Analytikers, die weniger angestrengte analytische Atmosphäre und die größere emotionale Verfügbarkeit, die der Patient erlebt, beruhen, d.h., worin die Akzentverschiebung, die Kohut in seinem letzten Buch vorschlägt, besteht.

Bevor Kohut im zweiten Teil seines Buches sich seinem eigentlichen Thema widmet, hält er es für notwendig, den Leser in einem eigenen Kapitel mit Überlegungen zu Fragen der wissenschaftlichen Objektivität und der Theorie der psychoanalytischen Haltung auf die Hauptaufgabe des Buches vorzubereiten. Es geht ihm um die Feststellung einer relativen Objektivität der Wissenschaft und die Aussage, daß die theoretischen Überzeugungen eines Beobachters zwangsläufig beeinflussen, was er wahrnimmt, aber auch, was er für bedeutsam hält und was er vernachlässigen wird. (WhdP 70) Da er zur nötigen Abgrenzung und Klärung seiner Position immer wieder die klassische Psychoanalyse heranzieht, sieht der Vergleich im Sinne seiner These von der relativen Objektivität so aus:

»Es ist klar, daß eine Psychologie – die traditionelle Psychoanalyse –, die den Menschen in den Begriffen eines psychischen Apparats erklärt, der Triebe verarbeitet, und die sich in der Therapie vor allem auf die Mängel bei der Konfliktlösung psychischer Makrostrukturen (Es, Ich, Überich) konzentriert, das Wesen der Heilung in einem anderen Licht sieht als eine Psychologie – die psychoanalytische Selbstpsychologie –, die den Menschen in Begriffen eines Selbst erklärt, das von einem Milieu von Selbstobjekten getragen wird, und die sich in der Therapie letztlich [...] auf die Defekte und Verzerrungen der Mikrostrukturen des Selbst [konzentriert].« (WhdP 70)

Damit macht Kohut die jeweilige Theorie, die der Analytiker zur Ordnung seiner Daten verwendet, für die Variabilität der analytischen Atmosphäre und der verschiedenen therapeutischen Techniken, die den selbstpsychologischen vom traditionellen Analytiker unterscheiden, verantwortlich.

Neue Einschätzung der Selbst-Selbstobjekt-Beziehungen

Bevor Kohut sich jedoch genauer mit der Heilwirkung der Analyse auseinandersetzt, legt er eine Neubetrachtung seines für die Theorie und Therapie so überaus wichtigen Selbstobjektkonzeptes vor. Gegenüber früheren Fassungen und Formulierungen betont er einige Veränderungen. Zunächst weist er darauf hin, daß Selbstobjekterfahrungen »nicht segmentär, sondern sektoriell« (WhdP 81) sind, da sie in die Tiefe gehen und einen unbewußten Widerhall all der früheren Selbstobjekterfahrungen der vergangenen Stadien mit sich tragen. So schwingen die archaischen, primitiven Selbstobjekterfahrungen, die mit der Mutter begannen, auch immer – im Sinne einer Entwicklungslinie – hintergründig mit, wenn wir beispielsweise eine reife Selbstobjektbeziehung zu einem hohen kulturellen Ideal aufgenommen haben: »[...] die alte Erfahrung des Aufgehobenwerdens durch unsere starke und bewunderte Mutter und die Erlaubnis, mit ihrer Größe, Ruhe und Sicherheit zu verschmelzen«, bilden dann weiterhin die »unbewußten Untertöne der Freude« (WhdP 81 f.).

Von großer Bedeutung ist seine Behauptung, »daß ein Schritt von der Abhängigkeit (Symbiose) zur Unabhängigkeit (Autonomie) eine Unmöglichkeit ist und daß die Entwicklungsschritte des normalen psychologischen Lebens in der sich wandelnden Natur der Beziehungen zwischen dem Selbst und seinen Selbstobjekten gesehen werden müssen« (WhdP 85). Waren frühere Formulierungen noch so zu verstehen, daß eine Ersetzung der Selbstobjekte stattfinden konnte, indem deren Funktionen mittels umwandelnder Verinnerlichung zu eigenem Strukturaufbau verwendet werden, was die ursprüngliche Beziehung substituieren konnte, so vertritt er nun die radikale These einer lebenslangen Abhängigkeit von Selbstobjekten aufgrund der nie versiegenden Wünsche nach Selbstobjektfunktionen bzw. Selbstobjekten. Anhand der Unterscheidung von Triebobjekt und Selbstobjekt verdeutlicht er noch einmal die heuristische Fruchtbarkeit seines Konzeptes, indem er eine Ich-Du-Beziehung in zwei verschiedenen Bezugsrahmen betrachtet. Es sei wichtig, zu differenzieren »(1) hinsichtlich der Rolle, die das ›Du‹ bei der Stützung der Kohärenz, Stärke und Harmonie des Selbst spielt, d.h. der Erfahrung des ›Du‹ als ›Selbstobjekt‹; und (2) hinsichtlich des ›Du‹ als (a) Ziel unseres Begehrens und unserer Liebe und (b) als Ziel unserer Wut und Aggression, wenn es den Weg zu dem Objekt versperrt, das wir begehren und lieben, d.h. zur Erfahrung des ›Du‹ als ›Objekt‹« (WhdP 85). Kohut zufolge müssen die beiden oftmals miteinander verwobenen Erfahrungen und z.T. interdependenten Beziehungen der beiden Aspekte genauer untersucht werden, und er verweist auf seine schon früher geäußerte Beobachtung, »daß Objektliebe das Selbst stärkt, ebenso wie jede andere intensive Erfahrung, sogar die intensiven körperlichen Trainings, das Selbst stärkt. Außerdem ist wohlbekannt, daß ein starkes Selbst uns in die Lage versetzt, Liebe und Begehren intensiver zu erleben.« (WhdP 86) Die klassische Analyse habe die Selbstobjektbedürfnisse nicht nur zu wenig beachtet, sondern sogar mißverstanden. In dieser neuen Formulierung der Selbst-Selbstobjekt-Beziehung drückt Kohut nachdrücklich aus, daß der zunehmende Aufbau von innerer psychischer Struktur dennoch nicht zu einer Unabhängigkeit von Selbstobjekten führt. Autonomie, Unabhängigkeit, Selbstgenügsamkeit oder einsame Selbstverantwortung können als Ziel- oder Wertvorstellungen nicht mehr taugen. Betont wird hierbei eher die Fähigkeit zu einer Beziehung, in der ein emotionaler Widerhall gesucht wird.

Im Rahmen soziokultureller Überlegungen vergleicht Kohut Freuds Persönlichkeit, seine Lehre und die damalige Zeit mit der Selbstpsychologie und der heutigen Situation. (WhdP 88-101)

Dabei konstatiert er, daß die damals wichtigen Werte Wissen und Wahrheit heute nicht mehr absolut gesetzt werden dürfen (»es gibt andere wichtige Werte«; WhdP 94) und daß die damalige Kränkung durch Freuds Theorie des Unbewußten (das Ich kann sich nicht mehr als Herr im eigenen Haus fühlen) heutzutage vielleicht eher durch die selbstpsychologische Konzeption ausgedrückt wird. Da die Persönlichkeitsorganisation heutiger Menschen weniger durch eine einfache horizontale Spaltung (Verdrängung) gekennzeichnet ist, sondern durch eine vertikale Spaltung multifragmentiert und geschwächt erscheint (WhdP 96), ist es für diese Personen oberstes Ziel, ihre gefährdete Selbstkohärenz aufrechtzuerhalten. Dazu brauchen sie Selbstobjekte, nach denen sie hungern, wobei sie gleichzeitig »mittels eines Walls von sekundärem, stolzem Leugnen die Tatsache, daß [...] unsere Theorie, die Autonomie des Selbst sei relativ und im Prinzip könne ein Selbst niemals außerhalb einer Matrix von Selbstobjekten existieren, vielleicht als schwere narzißtische Kränkung« (WhdP 98) erleben. Kohuts nunmehr radikalisierte Sicht ist unmißverständlich: Selbstobjekte sind notwendig von Beginn an und begleiten uns von der Geburt bis in den Tod. (WhdP 84) Nachdem er den Terminus »narzißtische Übertragungen« durch »Selbstobjekt-Übertragungen« ersetzt hatte, war ihm klarer geworden, daß »die Erfahrung von Imagines, die zur Schaffung und Erhaltung des Selbst benutzt werden, einer lebenslangen Reifung, Entwicklung und Veränderung unterliegen« (WhdP 276 f.). Die Entwicklungslinie, die Kohut für die Selbst-Selbstobjekt-Beziehungen zeichnet, besteht im wesentlichen darin, daß die archaischen Selbstobjekte, die zu Beginn des Lebens gebraucht werden und die sich durch primitive, undifferenzierte Verschmelzungsbedürfnisse auszeichnen, im Verlauf der Reifung durch differenziertere Selbstobjektbeziehungen (»reife« Formen: »Erfahrung empathischer Resonanz«; WhdP 266) abgelöst werden.

Da Kohut drei Formen der wesentlichen Selbstobjektbedürfnisse (die sich in den drei unterschiedlichen Übertragungsformen, Spiegel-, Alter-ego- oder Zwillings- und idealisierender Übertragung, ausdrücken) unterschieden hat, können die »Bedürfnisse des Menschen nach Stützung seines Selbst in diesen drei Bereichen (d. h. seinem Bedürfnis, Spiegelung und Akzeptanz zu erfahren; seinem Bedürfnis, Verschmelzung mit Größe, Stärke und Ruhe zu erfahren, und seinem Bedürfnis, das Bestehen essentieller Gleichheit zu erfahren)« (WhdP 277) untersucht werden. Diese sorgfältige und strikte Dreiteilung der Selbstobjektübertragungen ersetzt und erweitert frühere Formulierungen, die eine Zweiteilung favorisierten (Spiegel- und idealisierende Übertragung; die Alter-ego-/Zwillingsübertragung wurde als Variante der Spiegelübertragung betrachtet). Kohut ist nun überzeugt davon, daß »unsere Zwillings- oder Alter-Ego-Bedürfnisse einen eigenen Status verdienen und eine eigene Entwicklungslinie haben« (WhdP 278). Wieder sind es klinische Einflüsse gewesen, die diese abweichende Einteilung (gegenüber der von 1971 in *Narzißmus* zu findenden) und theoretische Einschätzung erforderten. Als klinische Vignette führt er die Analyse einer Patientin an, in deren Verlauf er die Zwillingsübertragung erstmals entdeckte. (WhdP 278-282) Diese Patientin erinnerte sich daran, daß sie in ihrer Latenzzeit (etwa sechs bis sieben Jahre alt) eine Flasche auf ihrem Schreibtisch stehen hatte, die sie immer verkorkt hielt. Sie stellte sich vor, daß ein Geist in dieser Flasche lebte, mit dem sie – wenn sie sich sehr einsam fühlte – lange Gespräche führte. Die Hinweise auf eine Übertragung aufgreifend, sprach Kohut seine Vermutung aus, daß er der Gefangene in der Flasche sei, was die Patientin jedoch eindeutig verneinte. Sie bestand darauf, daß der gefangene Geist damals wie heute »ein kleines Mädchen, ein Zwilling, also jemand wie sie selbst, aber doch nicht sie selbst« sei. Im Gegensatz zu Fräulein F. wollte diese Patientin nicht, daß Kohut wiederholte, was sie gerade selbst gesagt hatte, daß er ihr ihre Stimmung spiegelte; das Bedürfnis dieser Patientin lag darin, daß ihr Selbst einfach durch die Gegenwart eines anderen, der ihr hinreichend ähnlich war, gestützt wurde. Sie suchte eine »stille Gegenwart«; »das bloße Zusammensein mit dem Zwilling in schweigender Gemeinschaft [war] der befriedigendste Zustand«. Klarer einzuschätzen waren jetzt für ihn die langen Schweigeperioden in der Analyse, die sein Verstand zwar als »Widerstände« betrachtet hatte, die er jedoch immer leicht ertrug und aus denen die Patientin im Sinne dieser Zwillingsverwendung Nutzen zog, der ihr Selbst stärkte. Kohut ist überzeugt davon, daß die Zwillings-/Alter-ego-Erfahrung so wesentlich für die Selbstentwicklung ist und einen eigenständigen Status beansprucht, daß sie die Annahme dreier getrennter Linien der Selbstobjektentwicklung rechtfertigt. Die Alter-ego-Erfahrung vermittelt dem kleinen Kind »ein Gefühl des Dazugehörens und Teilhabens, das nicht in den Begriffen einer Spiegelungsreaktion oder einer Verschmelzung mit Idealen erklärt werden kann« (WhdP 286), und schafft eine Sicherheit. Somit können Menschen durch Erfahrungen aus diesen drei Bereichen heraus gestützt werden, und es dürfte nur dann zu einer Beeinträchtigung durch Selbst-Störungen kommen, wenn mindestens zwei der drei Bestandteile des Selbst Defekte aufweisen. Ein sich entwickelndes Selbst, das auf ein mangelhaftes Selbstobjekt aus einem Bereich trifft, wird darauf mit einem intensivierten Versuch antworten, »adäquate Reaktionen auf die Entwicklungsbedürfnisse der *beiden anderen* zu erhalten« (WhdP 293). Somit wäre das Zwillings-Selbstobjekt als eine dritte Chance zu betrachten, die genutzt werden kann, um uber kompensatorische Strukturen das Selbst doch noch funktionell zu etablieren.

Kohut meint selbst, daß die Vielfalt von Selbstobjektbeziehungen (also alle Beziehungen, die das Selbst kohärenter, vitaler machen und die Harmonie stützen) bisher noch nicht genügend untersucht worden ist (z.B. die spezifischen Selbstobjektbedürfnisse von Adoleszenten, älteren Menschen, Künstlern oder anderen Gruppen). Am Beispiel einer funktionierenden Ehebeziehung führt er näher aus, welche gegenseitigen Selbstobjektfunktionen die Partner erfüllen. Seine viele Jahre lang scherzhaft gemachte Bemerkung, »Eine gute Ehe ist eine Ehe, in der zu jeder gegebenen Zeit nur ein Partner verrückt ist«, erläutert er dahingehend, daß sich die Partner der »Herausforderung gewachsen« zeigen müssen, die jeweiligen »Selbstobjekt-Funktionen zu liefern, die das zeitweilig beeinträchtigte Selbst des anderen in einem bestimmten Augenblick braucht« (WhdP 316), was voraussetzt, daß mit sehr genauer empathischer Resonanz auf die Bedürfnisse des anderen geantwortet werden kann.

Wesentlich an Kohuts neuer Einschätzung der Selbstobjektbeziehungen ist, daß er die frühere Position verläßt, die besagte, daß Selbstobjekte durch Struktur ersetzt werden können, indem durch Internalisierungsvorgänge die Funktionen des Selbstobjektes angeeignet und in innere Strukturen verwandelt werden. Statt dessen vertritt er die Position einer Unentrinnbarkeit, eines lebenslänglichen Angewiesenseins auf Selbstobjekte. Somit geht es um die Entwicklung reifer Selbstobjektbeziehungen, letztlich also um die Fähigkeit, solche Beziehungen für sich zu finden, die dazu dienen, das eigene Selbst in einer responsiven reifen Matrix zu stärken und somit gesund zu erhalten.

Diese Konzeption erweist sich schließlich als wichtiges Vorspiel zu Kohuts genauerer Klärung des analytischen Prozesses, da er auf der Grundlage dieser Gesundheitsdefinition auch das »Wesen der psychoanalytischen Heilung« als »allmählichen Erwerb empathischen Kontakts mit reifen Selbstobjekten« (WhdP 104) beschreibt.

Zur Theorie des Heilungsvorgangs

Legen traditionell psychoanalytische Formulierungen, ob topographisch (»das Unbewußte bewußt machen«) oder strukturell, den Akzent generell auf die Erweiterung des Ichbereiches, so hält Kohut diese nicht für falsch oder nutzlos, doch meint er das Wesen der analytischen Heilung nicht im Rahmen der »unrichtigen theoretischen Konzeption der erwachsenen Persönlichkeit als autonomer Organisation« (WhdP 311) ausdrücken zu können. Zufriedenstellender sei es, dieses in jenen Errungenschaften, die ein Mensch auf dem Weg einer erfolgreichen Analyse macht, als Fähigkeit zur Selbstberuhigung, zum Umgang mit Selbstobjekten und als Gefühl zeitlicher Kontinuität auszudrücken. (WhdP 103) Kohut artikuliert sein Verständnis hier schon im Rahmen seiner Theorie, doch ist es vorab wichtig, sich deutlich zu machen, daß Kohuts Aussage, man könne ohne Theorie nichts beobachten, ein Hauptargument im Rahmen seiner Diskussion des Heilungsvorgangs bildet. Theorien helfen, das Material zu ordnen, und beeinflussen als »Hintergrundwissen« die Wahrnehmung bestimmter psychischer Konfigurationen durch den Analytiker und »auch subtil die Färbung seiner Deutungen« (WhdP 108). Das analytische Vorgehen besteht für die Selbstpsychologie aus drei Schritten: Nachdem 1. eine Analyse der Widerstände durchgeführt wurde, entfaltet sich 2. das Potential an Übertragungen, bis 3. ein Empathieweg zwischen Selbst (Patient) und Selbstobjekt (Analytiker) hergestellt ist. Ganz analog dem Freudschen Konzept der Übertragungsneurose übernimmt »dieser neue Empathiekanal [...] dauerhaft den Platz der früher verdrängten oder abgespaltenen archaischen narzißtischen Beziehung; er ersetzt die Bindung, die früher das archaische Selbst an das archaische Selbstobjekt band« (WhdP 104). Durch diese Bindung an den Analytiker soll die Fähigkeit des Patienten verbessert werden, empathische Resonanz in reifen Beziehungen hervorzurufen und diese als Unterstützung zu verwenden. Diese neue Beziehung zum Analytiker verläuft in Wellenbewegungen, da auch der Analytiker Irrtümer nicht vermeiden kann, wenn er etwas falsch versteht. In solchen Fällen wird sich der Patient dann zurückziehen, wobei jedoch kein Schaden eintrete, wenn der Analytiker dies erkennt und mit angemessenen Interpretationen darauf reagieren kann. Da solche Empathieabbrüche und -wiederherstellungen in jeder Analyse sehr häufig sind, wird der Patient allmählich flexibler und toleranter auf die Empathiefehler des Analytikers reagieren können, was anzeigt, daß neue Selbststrukturen erworben wurden. Illustriert wird hierbei, wie sich durch die optimalen Frustrationen neue Strukturen bilden, die zu einer Zunahme des Selbstwertgefühls des Patienten führen. Diese heilsamen Selbst-Selbstobjekt-Prozesse sind somit als zweistufig zu konzipieren: Auf ein grundlegendes Aufeinander-Eingestimmtsein folgen optimale Frustrationen in Form von Fehlern, die über umwandelnde Verinnerlichungen zur Bildung von psychischer Struktur führen. Analysierbarkeit beruht also im wesentlichen darauf, daß der Patient fähig sein muß, den Analytiker zum Selbstobjekt zu nehmen, von dessen Hilfe er sich erhofft, die arretierten Entwicklungsbedürfnisse seiner Kindheit doch noch zu befriedigen. Eine psychoanalytische Behandlung ist demnach dann möglich, wenn ein Patient noch immer nach responsiven Selbstobjekten sucht und diese Suche mit Hilfe des spezifischen Objektes Analytiker wiederbeleben kann. (WhdP 108-111) Mit der selbstpsychologischen Theorie kann somit das Spektrum der möglichen Deutungen – und damit allgemein das Verständnis des Analytikers – beträchtlich erweitert werden, wobei sich die Selbstpsychologie »auf dieselben Werkzeuge verläßt wie die traditionelle Analyse (Deutung und anschließendes Durcharbeiten in einer Atmosphäre der Abstinenz)« (WhdP 117). Kohut wirft die Frage auf, wie es sich erklären lasse, daß bei Verwendung der gleichen analytischen Aktionen die Selbstpsychologen über eine andere Einstellung verfügen, die die Behandlungsatmosphäre ruhiger und freundlicher erscheinen läßt. Die Antwort liegt nicht darin, daß der Selbstpsychologe »vermehrt Empathie einsetzt«, »empathischer« (WhdP 125) ist; vielmehr solle man sich davor hüten, die »unersetzliche, aber durchaus nicht unfehlbare« Empathie »zu mythologisieren« (WhdP 127). Der Grund liegt darin, daß die theoretischen Einsichten der Selbstpsychologie den Anwendungsbereich erweitert haben; der selbstpsychologisch informierte Analytiker ist nun in der Lage, mehr und Neues wahrzunehmen, da er nicht nur Triebkonflikte beobachten kann, sondern auch Selbstobjektbedürfnisse. Außerdem, und in diesem veränderten Deutungsstil dürfte der Grund für die angenehme Atmosphäre liegen, wird er die in der Übertragung aktivierten Selbstobjektbedürfnisse nicht als defensiven Narzißmus zurückweisen, sondern wird sie als primäre Bedürfnisse, denen nicht genügend entsprochen wurde, begrüßen. (WhdP 128) Eine solche »Verschiebung der Technik« beruht natürlich auf einer »Verschiebung in der Theorie« (WhdP 131-133, 137).

Kohut zufolge bestehen die therapeutischen Interventionen des Analytikers aus zwei getrennten, voneinander zu unterscheidenden, aber dennoch miteinander verwobenen Schritten. Beide zusammen bilden die Substanz der Analyse. Den ersten Schritt nennt er Verstehen, den zweiten Erklären.

Kohut besteht darauf, daß reines Verstehen durch Empathie, »daß Nettigkeit, Freundlichkeit, Verständnis, Warmherzigkeit und der Besitz von Feingefühl weder die klassischen Neurosen noch die analysierbaren Störungen des Selbst heilen« (WhdP 143). Der zweite Schritt, das korrekte Erklären, ist für ihn unabdingbar für den Heilungsprozeß. In seiner Auffassung ist es zu vertreten, daß nur solche therapeutischen Ergebnisse als »analytisch« bezeichnet werden sollten, die durch das vollständige Durchlaufen der beiden Schritte der therapeutischen Einheit, »d. h. mittels richtigen Verstehens, gefolgt von dynamisch-genetischer Deutung« (WhdP 156), erzielt wurden. Weit entfernt davon, sich in Probleme der Bezeichnung zu verwickeln, argumentiert er inhaltlich, daß der zweite Schritt die Wirkung der ersten Phase nicht nur quantitativ verstärkt, sondern daß dadurch der Gesamteffekt der therapeutischen Einheit auch qualitativ verändert wird. (WhdP 157) Die dynamisch-genetische Erklärung ist notwendig, da sie das Verstehen der ersten Phase vervollständigt und weil sie durch die verbale Deutung verhindert, daß das zur Kurzlebigkeit neigende Verständnis allzu schnell verlorengeht. Solche korrekten Interpretationen, die die Aktualität des Übertragungserlebens mit den genetischen Vorläufern verbinden, »tragen die heilsame, aber vordem kurzlebige Erfahrung, verstanden worden zu sein, in einen größeren Bereich der oberen Schichten der Psyche des Analysanden« (WhdP 158) und bereiten damit den Boden für die lange und wichtige Durcharbeitungsphase vor. Da der Patient in solchen Phasen die Funktionen des Analytikers nur temporär übernehmen kann, ist er auf die aktiven Interventionen des Analytikers angewiesen. Durch zahllose Wiederholungen dieser zweiphasigen Struktur der therapeutischen Aktivität wird die psychoanalytische Heilung erreicht. Dabei macht es nach Kohut keinen Unterschied, ob so analysierbare Selbst-Störungen oder Konfliktneurosen behandelt werden, da letztere ja auch auf Selbstobjektversagen beruhen. (WhdP 159) Diese – zwar in der Sprache der Selbstpsychologie gegebene – Theorie des Heilungsvorganges impliziert somit nicht eine Veränderung der psychoanalytischen Technik; Kohut ist sogar davon überzeugt, daß seine Beschreibung des analytischen Prozesses »auf alle Analysen, die *lege artis* durchgeführt wurden, seit diese Form der Psychotherapie von Freud, Strachey, Anna Freud,

Fenichel, Eissler, Greenacre, Glover, Loewald, Stone und vielen anderen vervollkommnet wurde« (WhdP 160), passen dürfte. Der selbstpsychologisch informierte Analytiker arbeitet also nicht mit einer anderen Technik, sondern mit einer anderen Theorie, die es ihm erlaubt, besser zu verstehen, was er tut.

Zum Umgang mit Abwehr und Widerstand

Kohut hält das traditionelle Modell der Psychoanalyse – das, einem spezifischen Objektivitätsbegriff verpflichtet, auf der Suche nach »Mechanismen« und der Überzeugung sei, daß nach dem gründlichen Durcharbeiten von Triebwünschen und Widerständen sich alles weitere schon richte – für eine allzu begrenzte Erklärung der Persönlichkeit und Pathologie. (WhdP 165-169) Dem hält er die selbstpsychologische Einsicht entgegen, daß die »Abwehrhaltung (defensiveness) von Patienten [...] als adaptiv und psychologisch wertvoll« (WhdP 169) zu betrachten ist, und meint, daß das klinisch-theoretische Konzept von Abwehr und Widerstand »heute weniger bedeutend« und »nicht länger [...] entscheidend wichtig für Theorie und Praxis« (WhdP 170) ist. Von Bedeutung ist Kohuts grundsätzliche Einstellung zu Abwehr und Widerstand, die ihn – unter der Perspektive eines sich entwickelnden Selbst gefaßt – zu folgender, veränderter Akzentsetzung bei der Betrachtung führte: Die Abwehrmotivation des Patienten muß als Versuch verstanden werden, einen Sektor seines Kern-Selbst zu schützen; Abwehr ist demnach immer eine Aktivität, die im Dienste psychischen Überlebens des Selbst steht.

Im Zusammenhang mit diesem Thema möchte Kohut auch »die weit verbreitete falsche Ansicht ansprechen, die Selbstpsychologie vernachlässige, sowohl theoretisch als auch klinisch, die

Aggression« (WhdP 200). Zur Verdeutlichung seiner Haltung führt er die bereits 1971 (ZdP 205 ff.) vorgenommene Unterscheidung zwischen »Aggressionen, die auf Objekte gerichtet sind (welche geschätzten Zielen im Wege stehen), und Aggressionen, die auf Selbstobjekte gerichtet sind (die das Selbst beschädigt haben)« (WhdP 201), an. Für letztere Form hatte er den Ausdruck »narzißtische Wut« eingeführt und darauf hingewiesen, daß die innerpsychischen Prozesse für beide Formen höchst unterschiedlich sind. Während die objektgerichtete Aggression versiegt, sobald das Hindernis aus dem Weg geräumt ist, und auch keine Grundlage für psychopathologische Folgen bietet, ist es im Falle der narzißtischen Wut ganz anders. Dieser Begriff bezieht sich auf eine ganze Reihe von Phänomenen, die von banalen Ereignissen (jemand reagiert nicht auf unseren Gruß oder lacht nicht über eine scherzhafte Bemerkung) bis hin zu schweren Kränkungen reichen, wobei das diese Erfahrungen verbindende Element die Verletzung unseres Selbstgefühls ist. Genauer: Unser Selbst(wert)gefühl wird durch ein spezifisches Versagen eines Selbstobjektes gemindert bzw. gravierend beeinträchtigt. In bezug auf ein solches Versagen, aus dem eine narzißtische Kränkung resultiert, sind zwei Reaktionen denkbar: entweder schamerfüllter Rückzug (Flucht) oder narzißtische Wut (Kampf), wobei Kohut zufolge Scham und Wut zwei grundlegende Erscheinungsformen eines gestörten narzißtischen Gleichgewichtes sind. (ZdP 226 f.) Die spezifische Stellung, die die narzißtische Wut unter den aggressiven Reaktionen beanspruchen darf, liegt in den ihr eigenen Merkmalen, zu denen ein besonderer Rachedurst gehört. »Der Rachedurst, das Bedürfnis, ein Unrecht zu korrigieren, eine Beleidigung auszumerzen, mit welchen Mitteln auch immer, und ein tief eingewurzelter unerbittlicher Zwang bei der Verfolgung all dieser Ziele, der jenen keine Ruhe läßt, die eine narzißtische Kränkung erlitten haben – das sind die Merkmale, die für die narzißtische Wut in all ihren Formen charakteristisch sind und die sie von anderen Aggressionsarten unterscheiden.« (ZdP 227) Ohne jetzt näher auf die genaue metapsychologische Verankerung dieser Wut einzugehen (vgl. zur genetisch-dynamischen Erklärung ZdP 229-234), soll an dieser Stelle ein Hinweis darauf genügen, woher die Unstillbarkeit dieses Rachedurstes kommt. Da die narzißtische Wut die erlittene narzißtische Verletzung nicht rückgängig machen kann (selbst aggressive Taten gegenüber dem Verursacher schaffen die Kränkung nicht aus der Welt), bleibt die Verletzung und damit auch die Wut. Kohut meint, daß es die – sozusagen nicht abführbare – narzißtische Wut aus der Kindheit ist, die eine wichtige Rolle bei der Verursachung von Selbst-Pathologien spielt. (WhdP 201 f.)

Nachdem er somit die präzise Wahrnehmung und Anerkennung von Aggression in Form der narzißtischen Wut durch die Selbstpsychologie seinen Kritikern in Erinnerung gerufen hat, geht es ihm um den besonderen Umgang mit Abwehr und Widerstand in der Analyse. Es wurde schon darauf hingewiesen, daß Kohut das traditionell psychoanalytische Modell (dessen Wissenschaftlichkeit sei »moralisch getönt« und dessen Begriffe ungeeignet, den psychoanalytischen Heilungsprozeß angemessen abzubilden) zwar für begrenzt, jedoch nicht für falsch hält; er will dieses Modell beibehalten (da es »eindeutig nützlich ist zur Erklärung gewisser Details des psychischen Prozesses, den der Therapeut beobachtet«), jedoch »der Theorie der verkümmerten und remobilisierten Selbstentwicklung« unterordnen. (WhdP 207) Weil sich die Selbstpsychologie primär am Zustand des Selbst orientiert, ergibt sich weiterhin, daß dem Primat des Selbst über die Triebe somit auch der Primat einer selbstpsychologischen Betrachtung vor einer triebtheoretischen korrespondiert. Hauptorientierungspunkt ist also wie immer das »Prinzip des Primats der Selbstbewahrung« als »operatives Prinzip« (WhdP

209). Von diesem Standpunkt aus werden die Widerstände als prinzipiell gesunde Aktivitäten betrachtet, da sie dem Wachstum und grundlegenden Ziel des Selbst dienen. (WhdP 215-217) Er bemerkt selbst, daß er bei diesem Thema »viele lose Fäden in dem Gewebe gelassen habe« (WhdP 217), so daß der Eindruck sich festigt, daß sich hier noch keine umfassende und überzeugende theoretische Begründung für eine selbstpsychologische Haltung finden läßt. Kohuts Beitrag hierzu besteht im wesentlichen in der Anregung eines Perspektivenwechsels. Es ist als wichtiger klinischer Hinweis zu verstehen, wenn er zu bedenken gibt, daß sich »die traditionelle Haltung puritanischer Zurückhaltung« mancher Analytiker, die zufällig für jene Patienten angemessen war, die als Kinder einer Überstimulierung ausgesetzt waren, heute bei infantil unterstimulierten Patienten als katastrophale Retraumatisierung in der analytischen Situation erweisen könnte. (WhdP 218, vgl. auch 247) Implizit ist damit auch der Beitrag des Analytikers am analytischen Geschehen thematisiert: Das, was als Widerstand des Patienten imponiert, könnte auch ein iatrogenes Artefakt sein, verursacht durch eine analytische Haltung, die durch eine begrenzte Theorie gestützt wird. Genau an dieser Stelle wünscht sich Kohut, daß die selbstpsychologischen Aussagen das Spektrum der Deutungen und Haltungen erweitern, so daß Analytiker ihre empathische Resonanz gerade solchen Patienten entgegenbringen mögen, die in der Kindheit »die fühlbare Emotionalität des Selbstobjekts entbehrt haben« (WhdP 247).

Abschließend sei noch darauf hingewiesen, daß dieser Perspektivenwechsel in der Haltung gegenüber dem Patienten keineswegs bedeutet, daß konfrontative Manöver seitens des Analytikers überhaupt nicht mehr vorkommen. Kohut plädiert für einen überlegten Gebrauch, der sicherstellt, daß durch Konfrontationen nicht die wesentlichen Traumata der Kindheit durch den

Analytiker wiederholt werden, und spricht sich für eine eher sparsame Nutzung dieser Technik aus. (WhdP 249 f.)

Am Beispiel einer Analyse schildert Kohut seine eigene Reaktion und Intervention. Der Patient kommt verspätet in die Sitzung und erzählt mit »herausfordernder Arroganz« von seiner Geschwindigkeitsüberschreitung und seiner provozierenden Art gegenüber dem Polizisten, der ihm daraufhin ein hohes Strafmandat gegeben hat. In ärgerlichem Ton und ohne jedes Bedauern berichtet er von ähnlichen Vorfällen der letzten Jahre, wiederholtem Überschreiten der Geschwindigkeitsbegrenzung und wildem Fahren, die ihm eine Reihe von Unfällen eingebracht haben. Nachdem Kohut seinem Redeschwall aufmerksam zugehört hatte, sagte er zu dem Patienten, daß er ihm jetzt »die profundeste Deutung geben [werde], die er bisher in seiner Analyse erhalten habe«. Der Patient reagierte verblüfft, und Kohut wartete noch einige Sekunden, bis er schließlich mit tiefem Ernst ganz fest sagte: »Sie sind ein kompletter Idiot.« Nach einem Augenblick des Schweigens begann der Patient, warm und freundlich zu lachen, und Kohut äußerte seine Besorgnis hinsichtlich der destruktiven und selbstzerstörerischen Aspekte seines Verhaltens. Schließlich bemerkte er zu dem Patienten, daß eines klar sei: »Wenn er sich im Straßenverkehr verletze oder umbringe, könnten wir seine Motivationen gewiß nicht analysieren.« (WhdP 116)

4. Kritik an Kohut

Die stetige Entwicklung von Kohuts Gedanken und Anregungen zur Konzeptualisierung der narzißtischen Persönlichkeitsstörungen, ihrer spezifischen Übertragungsformen, der beiden voneinander getrennten Entwicklungslinien, der spezifisch introspektiv-empathischen Untersuchungsmethode, einer der Störung angemessenen Behandlungsform mit Berücksichtigung der besonderen Gegenübertragungsschwierigkeiten und schließlich zur Etablierung einer eigenständigen Theorie des Selbst, all dies wurde von Beginn an mit besonderem Augenmerk und großer Aufmerksamkeit von der psychoanalytischen Leserschaft zur Kenntnis genommen. Kohut war als eleganter metapsychologischer Theoretiker bekannt, und seine frühen Beiträge wurden schon nach kurzer Zeit als »klassische Texte«, bezogen auf die Problemdarstellung und die Klarheit ihrer Argumentation, bewertet. Das 1971 erschienene Werk *Narzißmus* kann als letztes dieser klassischen Periode gelten, das bis heute den Rang eines Standardwerkes im Rahmen der klinischen Darstellung beansprucht. Kohuts Stellung innerhalb der Riege der psychoanalytischen Metapsychologiker war damals eindeutig: Der Eintrag »Narzißmus« im *Glossary of the American Psychoanalytic Association* wurde von ihm verfaßt.[61] Doch wurde neben der professionellen Wertschätzung und Anerkennung seines »Pioniermutes«[62] auch zunehmend Kritisches geäußert. Schon 1971, nach seiner ersten Buchveröffentlichung[63], aber insbesondere nachdem er *Die Heilung des Selbst* Ende der siebziger Jahre vorgelegt hatte und damit die Linien seines Denkens klarer erkennbar wurden, häuften sich die kritischen Anmerkungen und Neueinschätzungen zu seinem Ansatz, um – aus der Sicht der Kritiker – schließlich durch *Wie heilt die Psychoanalyse?* bestätigt zu werden. Die Anzahl der Texte, die mehr als ein Jahrzehnt überspannen und als Kommentar der psychoanalytischen Gemeinschaft zu Kohuts Werk aufgefaßt werden können, ist kaum abzuschätzen und kann im Rahmen dieser Darstellung auch gar nicht komplett rezipiert werden. Dennoch möchte ich einen Eindruck über die Vielfalt der kritischen und d. h. zumeist ablehnenden Reaktionen (was jedoch nicht heißt, daß sie z.T. nicht auch gut begründet sind!) vermitteln, indem ich eine kursorische Liste anführe (auf einige ausgewählte Punkte gehe ich dann etwas ausführlicher ein).

Neben der Frage, ob Kohuts Selbstpsychologie noch zur Psychoanalyse gerechnet werden dürfe, war seine Abkehr von Metapsychologie, Trieb- und Konflikttheorie, speziell der Zentralität des Ödipuskomplexes, Gegenstand der Erörterungen. Weiterhin kritisiert wurden der Komplementaritätsgedanke, die Begrifflichkeit und seine Theoriebildung (getrennte Entwicklungslinien), die Einschätzung der Reichweite und des Anspruchs der Selbstpsychologie (Ideologie) und seine (Fehl-)Rezeption der klassischen Psychoanalyse. Im klinischen Sektor wurden moniert: seine Entwicklungstheorie, der Angstbegriff, die Auffassung der Träume, das Verhältnis von Narzißmus und Aggression, die Behandlungstechnik, das klinische Verstehen, die Rolle der Empathie, die Deutungstechnik, das Verhältnis von Defekt, Defizit und Konflikt, die falsche Gegenüberstellung von Triebererfahrung und Selbstgefühl, die Einschätzung der Objektbeziehungen, die Beziehung von Neurose zu Narzißmus und seine Übertragungskonzeption.[64]

Neben dieser mehr inhaltlichen, an der selbstpsychologischen

Theorie orientierten Kritik wurden Kohut auch zwei persönliche Haltungen übelgenommen: seine Einstellung theoretischen Vorläufern gegenüber und der Umgang mit Kritik.

Kohut und seine Vorläufer

Es ist von verschiedenen Autoren bemerkt worden, daß bestimmte Querverbindungen, die bei der Lektüre der Kohutschen Schriften auffallen und die vielleicht auch Ausgangspunkt seiner Überlegungen gewesen sein könnten, von ihm nicht genannt werden. Weder stützt sich Kohut auf andere Autoren und deren theoretische Ansätze, indem er auf eine Nähe der Konzepte hinweist oder sich davon abgrenzt, noch finden sich deren Schriften in seinen Literaturverzeichnissen. Es entsteht so der generelle Eindruck, daß die Selbstpsychologie vollkommen neue, vorher noch nie gedachte Aspekte zum Ausdruck bringt und Kohuts Denken durch große Originalität zu charakterisieren ist. Dem mit der psychoanalytischen Literatur Vertrauten mag sich demgegenüber eine andere Ahnung in Form einer Frage aufdrängen: Ist Kohut mit den grundlegenden Schriften berühmter Theoretiker wie M. Balint, W.R.D. Fairbairn, H. Guntrip oder D.W. Winnicott nicht vertraut, oder hat das Verschweigen Methode?

Es ist interessant zu entdecken, daß Erich Simenauer bereits 1960 in Berlin einen Vortrag mit dem Titel *Zur Problematik des Narzissismus* hielt, über dessen Inhalt er sich ein Jahr zuvor in Kopenhagen mit Kohut persönlich unterhalten hatte. Wie Simenauer sich erinnert, lehnte Kohut »die Auffassung des ursprünglichen Narzissismus als einer selbständigen präformierten Organisation gegenüber der späteren Bildung besonders des Ichs entschieden ab und erteilte den Bemühungen, primitive seelische Strukturen in die reife Persönlichkeit aufgehen zu lassen, eine

Absage«[65]. Bis 1965 hatten sich jedoch Kohuts Ansichten gewandelt; liest man heute Simenauers Vortrag auf der Folie der Kenntnis von Kohuts Gedankengängen, so ist man von der Vorwegnahme einer – zwar noch tastenden – Konzeption einer unabhängigen Linie der Entwicklung eines Selbst (bei Simenauer heißt diese Instanz »Ipsum«) beeindruckt. Man meint, solche Sätze wie »Das frühe Selbst und die Selbstrepräsentation, weit entfernt davon, in dieser Stufe vom Ich wahrgenommen zu werden, helfen an der Bildung des Ichs. Das Selbst ist der Träger des Narzissismus. Es ist von allem Anfang vorhanden, wie die narzisistische Libido vor der Objektlibido vorhanden ist, und lange vor dem Ich«[66] bei Kohut gelesen zu haben. Der Name Simenauer taucht allerdings in Kohuts Schriften nicht auf. Es ist verständlich, wenn Simenauer sich privat »verbittert« über Kohuts Usurpation seiner Position als Pionier in der Narzißmusforschung zeigte. (CoL 22, Fußnote 77)

Am deutlichsten gibt Cremerius im Rahmen einer kritischen Analyse von Kohuts Behandlungstechnik seiner Ansicht Ausdruck: Viele von Kohuts »Neuerungen« stehen in einer langen Reihe der psychoanalytischen Tradition, deren Nichtbeachtung Kohut einen »ahistorischen Standpunkt« sichert. Die »interaktionelle Zweipersonenpsychologie« Balints verbindet sich bei Kohut mit Auffassungen von Th. Benedek, S. Nacht, D.W. Winnicott, P. Heimann, R. Spitz, M. Little, H. Racker, W.R. Fairbairn und M. Klein. Somit ließe sich eine »ahistorische« Denkweise diagnostizieren, »die von keinen Vorläufern weiß«, »die Einmaligkeit des Originals« verlangt und auf »stiller Entnahme aus schon bestehenden Theoriegebäuden« beruht. Cremerius wirft Kohut sogar »geistigen Diebstahl« vor, da er sich bei Eissler wie Karen Horney kräftig bedient habe, ohne seine Fundstellen zu nennen.[67]

John E. Gedo, ein früherer enger Freund und Mitarbeiter Kohuts, der sich jedoch aufgrund theoretischer Differenzen von ihm abwandte, meint, es gebe bei Kohut eine »überall spürbare Neigung, die Arbeit der meisten anderen, die Beiträge zur Psychoanalyse geleistet haben, zu ignorieren«[68]. So verfuhr Kohut mit Beiträgen von Phyllis Greenacre, aber auch mit Lou Andreas-Salomés frühem Hinweis, daß »die narzißtische Libido sich entlang eigener Linien entwickelt«. Nach Auskunft Elrods äußerte sich auch Ernst Federn über die Übernahme aus dem Werk seines Vaters Paul Federn, das Kohut »als eigenes weitergab, das heißt ohne Paul Federns Beitrag besonders zu kennzeichnen«[69]. Auch Wahl, der sich intensiv mit Kohuts Werk auseinandergesetzt hat, ist der Meinung, daß er »seine Vor-Denker zu wenig gelten läßt«[70]. Spezifischer moniert Rothschild, daß Kohut »kaum je Bezug auf W. Reichs ›phallisch-narzißtischen Charakter‹ [nimmt], dessen Beschreibung bereits einiges von dem vorweggenommen hat, was heute als Neuentdeckung vorgestellt wird«[71].

Bollas berichtet von der Verblüffung und Verärgerung vieler – gerade englischer – Psychoanalytiker, die die Untersuchung des Selbst zum Zentrum ihres Lebenswerkes gemacht haben, daß Kohut es versäumt, sie zu beachten. So sei es z.B. für viele europäische Analytiker nicht schwierig zu verstehen, was Kohut unter einem Selbstobjekt versteht, da Winnicotts Theorie des »subjektiven Objekts« und seine umfassende Theorie der Eltern-Kind-Beziehung Kohuts Werk um zwanzig Jahre vorausgegangen seien.[72]

Auf der Linie dieses Vorwurfes ist auch Gast anzusiedeln, die der Ansicht ist, daß Kohut »in atemberaubender und fast ›grandios‹ zu nennender Weise die Argumentationen Ferenczis, Balints, Fairbairns, aber auch Winnicotts [legiert], wenn er die mütterliche Verfehlung in einem Mangel an Empathie (Ferenczi, Balint) in den Reaktionen auf das Bedürfnis des kindlichen Größen-Selbst im Sinne eines Ausbleibens oder einer nicht hinreichend ›bestätigenden und beifälligen Widerspiegelung [des kindlichen] Selbst (mirroring)‹ (Winnicott) ausmacht«[73]. Auch stamme der berühmte, Kohut zugeschriebene Ausdruck »Glanz im Auge der Mutter« wohl von Winnicott, dessen Name jedoch nicht im Literaturverzeichnis auftaucht. Auch Gast sieht vielfältige Übereinstimmungen zwischen Balints und Kohuts Konzeption und verweist auf weitere Parallelen in den Argumentationen von Adler, Jung und Fromm.[74]

Ein weiterer Name, den man bei Kohut vergeblich sucht, ist der von G. Rochlin, der 1973 ein Buch mit dem Titel *Man's Aggression: The Defense of the Self* veröffentlichte, in dem er die These vertritt, daß Aggression durch verletzten Narzißmus hervorgerufen wird und die Funktion besitzt, einen unsicheren Selbstwert wieder zu stabilisieren.

Auf noch ältere Vorfahren macht Wurmser aufmerksam, indem er darauf hinweist, »wie ähnlich Kohuts Selbstpsychologie [...] Ideengut« Goethes und C.G. Jungs ist; er verwahrt sich jedoch gegenüber dem Gedanken einer historischen Entlehnung oder Übermittlung, indem er eher an eine »tiefe Verwandtschaft [glaubt], die aus der menschlichen Natur, den gestellten Problemen und dem Charakter der analytischen Behandlung als gemeinsame Antwort erwächst«. Letzten Endes seien die heutigen Neo-Jungianer und Kohut auch eher »erzieherisch und psychagogisch, nicht psychoanalytisch«. Als Begründung für diese Ähnlichkeit sieht er »die Außerkraftsetzung der Arbeit am inneren Konflikt, des Denkens in Konfliktbegriffen und des Verständnisses der Konfliktnatur der Seele«[75].

Wie ist es zu verstehen, daß Bacal und Newman in einem umfangreichen Werk einen nahezu vollständigen Überblick der sog. Objektbeziehungstheoretiker geben (von Suttie, Sullivan, Klein, Kernberg, Racker, Mahler, Balint, Fairbairn, Guntrip, Winnicott bis Bowlby), um die Linien herauszuarbeiten, die schließlich zur

Selbstpsychologie laufen, und Kohut weist in einer Diskussion mit einem der Autoren 1978 die Vermutung, »daß wichtige Vorläufer der Selbstpsychologie in den Konzepten einer Reihe britischer Objektbeziehungstheoretiker zu finden seien, zurück«[76]? Offenbar vertrat Kohut die Ansicht, »daß sich für die Selbstpsychologie keine Vorläufer ausmachen ließen«[77].

Wesentlich für diese Diskussion scheint mir zu sein, daß unterschieden wird zwischen historischen Vorläufern, deren Gedankengänge und Konzeptionen denen Kohuts ähnlich oder verwandt sind, und jenen Autoren, von denen behauptet wird, daß sich Kohut dort »bedient« hat und diese »stille Entnahme« nicht zur Kenntnis gebracht hat. Ist letzteres nachzuweisen, so hätte der Vorwurf des Plagiats einen festeren Boden unter den Füßen, als es mir gegenwärtig der Fall zu sein scheint. Glücklicherweise müssen wir in dieser Angelegenheit nicht gänzlich spekulieren, da sich Kohut an zumindest zwei Stellen, einmal offiziell, einmal sozusagen inoffiziell (nämlich in privaten Briefen), zu dieser Kritik geäußert hat.[78] Diese Darstellungen werfen auch ein Licht auf den oben erwähnten zweiten Punkt, Kohuts Umgang mit Kritik im allgemeinen, und erklären diese Art vielleicht zufriedenstellend. Kohuts offizielle Stellungnahme findet sich in der *Heilung des Selbst*, wo er auf den Vorwurf reagiert, er habe versucht, allein neue Lösungen zu suchen und zu finden, »ohne mich auf die Arbeit anderer zu stützen« (HdS 15). In bezug auf die Feststellungen einiger Kommentatoren, »es bestünden Ähnlichkeiten zwischen den Resultaten meiner Untersuchungen des Bereichs des Narzißmus und den Ergebnissen der Untersuchungen anderer«, listet er kurz deren Namen auf: Hartmann, Winnicott, Aichhorn, Sartre, Adler, Rogers, indische Philosophie und Otto Rank, und erklärt dann selbst, daß »es noch eine andere Gruppe von Forschern gibt, deren Namen den bereits erwähnten hinzugefügt werden sollten. Ich denke hier an jene – wie Balint, Erikson, Jacobson,

Kernberg, Lacan, Lample-de-Groot, Lichtenstein, Mahler, Sandler et al., Schafer und andere –, deren Forschungsbereich, wenn auch nicht ihre Methoden oder Schlußfolgerungen, sich mit dem Gegenstand meiner eigenen Untersuchungen in verschiedenem Maße überschneidet.« (HdS 16 f.) Er betont weiterhin, daß deren Nichterwähnung (auch die der ersten Gruppe) nicht auf Mißachtung zurückzuführen ist (tatsächlich bewundere er einige), sondern in der Natur der Aufgabe liege, die er sich gestellt habe. Nicht um gelehrte Vollständigkeit sei es ihm gegangen, sondern um »den Weg zurück zu direkter Beobachtung klinischer Phänomene und zur Formulierung neuer Erklärungen, die meinen Funden gerecht würden« (HdS 16). Zunächst hatte er versucht, sich mit Hilfe der psychoanalytischen Literatur zu orientieren, sich »jedoch in einem Wirrwarr einander widersprechender, unzureichend begründeter und häufig vager theoretischer Spekulation verloren« (HdS 16). Schließlich stand er auch einer Integration seiner Befunde mit den Ergebnissen der anderen skeptisch gegenüber, waren jene doch »durch Methoden erreicht worden [...], welche mit anderen Standpunkten als den meinen übereinstimmten, oder die innerhalb eines vagen, unklaren oder sich verschiebenden theoretischen Rahmens formuliert worden waren«, so daß eine integrierende Bezugnahme »nicht nur nicht ratsam [gewesen] sei, sondern auf dem Weg zu meinen Zielen sogar ein unüberwindliches Hindernis darstellen würde« (HdS 17). Die Bezugnahme auf die Arbeit derer, die innerhalb unterschiedlicher Bezugsrahmen und von verschiedenen Perspektiven aus Beiträge geleistet haben, hätten Kohut »in ein Dickicht von ähnlichen, sich überschneidenden oder identischen Termini und Begriffen verstrickt [...], die jedoch nicht die gleiche Bedeutung hatten und nicht als Teil des gleichen begrifflichen Kontextes verwendet worden waren« (HdS 17). Da Kohut die existierenden Erklärungsansätze mehr als »Ballast« sieht, der ihn daran hindert, seinen eigenen Standpunkt und seinen eigenen Zugang zu entwickeln, den er als langfristiges introspektiv-empathisches Eintauchen des Beobachters definiert, ist es nur konsequent, daß er sich zunächst von Ansätzen abgrenzt, deren Begriffe und Resultate nicht im Einklang mit der introspektiv-empathischen Methode zustande gekommen sind.

Soweit die offizielle Stellungnahme. Im Hinblick auf Formulierungen, die Kohut in privaten Briefen verwendet hat, ergeben sich neue Gesichtspunkte, die seine obige Argumentation zwar nicht entkräften, jedoch eine andere Gewichtung zulassen. Cocks, der auch Einblick in unveröffentlichte Briefe Kohuts hatte, bemerkt in seiner Einleitung zu *The Curve of Life. Correspondence of Heinz Kohut*, daß Kohut wegen seiner intuitiven und kreativen Arbeitsweise wohl nicht viele zeitgenössische psychoanalytische Autoren, wie z.B. D.W. Winnicott und andere Mitglieder der britischen Schule, gelesen hat.[79] (CoL 22) Ein Rezensent von *Narzißmus* meint ebenfalls, daß Kohut die Theoriebildung der letzten zwanzig Jahre ignoriert habe.[80]

Es ist deutlich, daß Kohut frei sein wollte von präformierten Vorstellungen und starren Konzepten, die, wie er befürchtete, nur seine Beobachtung verzerrt hätten. Er wußte um seine leichte Beeinflußbarkeit, weswegen er auch Kritik zu seinem Werk kaum zur Kenntnis nahm. In einem Brief an Jeanne Lampl-de-Groot schildert er seine Bewunderung für ihre Leichtigkeit und Vernunft, mit der sie auf Kritik antwortet. Er selbst sei unfähig dazu; oft sei er nicht sicher über die Gültigkeit der Kritik, und es sei sehr schwer für ihn, von der Kritik zu lernen. Sie habe eine Wirkung auf ihn – und dies scheint Kohut nicht zu gefallen –, was oft bedeute, daß er seine Formulierungen noch einmal überdenke und seine Funde überprüfe. »Ich betrachtete diesen Aspekt meiner selbst als schweren Mangel – etwas unaufgelöste alte Grandiosität oder ähnliches –, aber ich denke nicht mehr so. Es ist nicht so, daß ich denke, der Kritiker kann nicht recht haben, oder daß ich mir nicht vorstellen kann, ich könnte falsch liegen, es ist einfach, daß der Kritiker im allgemeinen nicht auf das eingestimmt ist (not in tune with), an dem ich gerade arbeite und kämpfe. Und ich kann meine intern motivierten kognitiven Strukturen nur unter der Preisgabe meiner letzten Resultate unterbrechen.« (CoL 277) Er fürchtete also – aufgrund seiner ihm bekannten narzißtischen Empfindlichkeit[81] – allzu stark beeinflußt zu werden, und war von daher bemüht, jegliche Einflüsse (die unzweifelhaft Wirkung gezeigt hätten) auszuschalten.

Es läßt sich also als Resumee ziehen, daß es sich bei Kohuts Umgang mit seinen Vorläufern schwerlich um Plagiarismus handelt, sondern daß er eigenständig, durch die Anwendung seiner Methode, zu möglicherweise ähnlichen Ergebnissen und Vorschlägen wie andere gelangte. Diese Vorschläge und Konzeptionen entstammen jedoch einer bestimmten Haltung und einem spezifischen theoretischen Rahmen, in dem sie ihren Platz haben und durch den sie erst voll verständlich werden. Daß Kohut keinen Bezug auf andere Theoretiker nimmt, läßt sich primär verstehen als Ausschaltung eines bei der Beobachtung störenden Einflusses, also als persönlichkeitsspezifische Arbeitsweise. Weiterhin ging es ihm nicht darum, eine lehrbuchartige Synthese zu versuchen, bei der er den wissenschaftshistorischen Rang der Theoretiker und ihrer Beiträge einzustufen hätte, sondern darum, Mitteilung über das für ihn Neue, das er entdeckt hatte, zu machen.

Hinsichtlich der vorgetragenen Kritik an inhaltlichen Gesichtspunkten, die Kohuts Theorie im ganzen, aber auch gerade gewisse Einzelaspekte und bestimmte Konzeptualisierungen, theoretische Vorlieben und terminologische Eigenheiten betreffen, möchte ich mich im Folgenden auf einige wenige Punkte beschränken. Es wird deutlich werden, daß die von mir ausgewählten Topoi einen Zusammenhang aufweisen, der die Art der Kritik wie auch zugleich Kohuts Theorieaufbau noch klarer werden läßt.[82]

Komplementarität

Wie schon ausgeführt, bezieht sich Kohuts Komplementaritätsgedanke auf das Verhältnis der beiden Psychologien – des tragischen und des schuldigen Menschen – zueinander, wobei er hinzufügt, daß diese beiden Hauptaspekte nicht integriert zu werden brauchen. (HdS 218) Das psychologische Prinzip der Komplementarität soll seiner Meinung nach nur darauf hinweisen, daß »die Erklärung des psychologischen Feldes nicht nur einen, sondern zwei (oder vielleicht mehr) theoretische Rahmen erfordert« (HdS 232). Dieser Gedanke über die Beziehung zwischen Konfliktpsychologie und Selbstpsychologie ist von verschiedenen Autoren kritisch betrachtet und kommentiert worden.

Friedman meint, daß eine solche Komplementarität nichts über das Verhältnis der Theorien zueinander aussagt; in einem trivialen Sinne seien alle Theorien, die das gleiche Ding von verschiedenen Seiten betrachten, komplementär. Das Problem liege in der Frage, ob Kohuts Theorie mit der klassischen kompatibel ist und ob die Selbstpsychologie so umfassend ist wie die ältere, die sie zu ersetzen suche.[83]

Eagle kritisiert, daß Kohut bei dem Prinzip der Komplementarität übersehe, daß es »sich auf zwei verschiedene Modelle von gleichem Erklärungswert *für dieselbe Reihe von Phänomenen* bezieht, und nicht [...] auf verschiedene Erklärungen für verschiedene Phänomene«[84].

Eine grundlegende Schwierigkeit bei der Kohutschen Aufteilung als »radikale Dichotomie zwischen entwicklungsbedingten Selbst-Defekten einerseits und intrapsychischen Konflikten andererseits« sieht Eagle. Er zweifelt an der Richtigkeit von Kohuts Behauptung, »daß Patienten, die primär unter Selbst-Defekten leiden (etwa narzißtische Persönlichkeitsstörungen), keine ödipalen Konflikte erleben, weil sie dieses Entwicklungsstadium noch nicht erreicht haben«[85]. Schwartz kritisiert ebenfalls Kohuts Äußerung, daß er kaum narzißtische und ödipale Konflikte nebeneinander oder abwechselnd im selben Patienten sehe: »Eine Beobachtung [Kohuts], die nicht mit unserer üblichen klinischen Erfahrung übereinstimmt.«[86]

Treuerniet wendet sich ebenfalls gegen die Kohutsche Abspaltung der Konfliktpsychologie und einer kontrastierenden Selbstpsychologie, da viele der Gegenüberstellungen »unterschiedliche funktionale Zustände [seien] und nicht verschiedene Teile der Persönlichkeit, die verschiedene Modelle verlangen«. Aus der Sicht der Theoriebildung ist das Ausarbeiten »unterschiedlicher Modelle für verschiedene funktionale Zustände ein Verlust, kein Gewinn«[87].

Positiver sieht Wurmser[88] Kohuts Komplementaritätsmodell, wobei er sich auf dessen »bedeutsamste Form«, den Gegensatz von Defizitmodell und Konfliktmodell bezieht, den er als »Polarität zweier Paradigmen« faßt. Indem Wurmser sich eines pragmatischen Ansatzes bedient (»Welches ist nützlicher in einem gegebenen Zusammenhang?«), suspendiert er die Wahrheitsfrage (»Welches ist korrekter?«). Er ist der Auffassung, daß bei der begrifflichen Erfassung der frühen Entwicklung das Defizitmodell »mit dem Gewicht, das es auf das Lernen und Sichanpassen legt, nützlicher [sei]; dasselbe gilt für die Formulierung schwerer Entwicklungsstörungen«. Allerdings mahnt er auch, daß man nicht vergessen dürfe, daß »jede Neurose mehr oder weniger massive Funktionsdefizite aufweist«. Obwohl er auch »bei sehr schwerer Pathologie die konsequente Anwendung der Theorie vom inneren Konflikt auf lange Sicht für eine größere Hilfe [hält], die von größerer Erkenntniskraft und klinisch bedeutsamer ist«, billigt er den beiden Paradigmen einen gleichen Wahrheitsanspruch zu. Er hält sie für komplementär, da »jedes von ihnen *alles in der Psychologie zu erklären vermag*, aber *nicht alles unter allen Umständen gleich gut erklärt*«. Hinsichtlich einer theoretischen Präzisierung des in Frage stehenden Sachverhaltes rekurriert Wurmser auf Rangells formale Unterscheidung unterschiedlicher Konflikte und Anton Kris' Weiterentwicklung. Diese wichtige und m. E. bisher zu wenig beachtete Differenzierung besteht darin, einen *Oppositionstyp* (Typ 1; konvergenter oder Abwehrkonflikt) von einem *Dilemmatyp* (Konflikttyp 2; divergenter oder Ambivalenzkonflikt) begrifflich zu sondern. Während sich im ersten Fall Kräfte in einer feindseligen Begegnung bekämpfen, geht es beim zweiten Typ um die »Notwendigkeit der Wahl zwischen miteinander wettstreitenden Alternativen«[89]. »Bei den konvergenten Konflikten finde man z. B. Wunsch und Verbot vor, wobei der Wunsch seinen Ausdruck suche, das Verbot ihn zu hindern suche. Bei den divergenten Konflikten handle es sich nicht um die Behebung einer Verdrängung, sondern im Grunde um ›den Widerstand dagegen, eine Wahl zwischen zwei wesentlichen Wünschen zu treffen‹ (A. Kris), und die Angst, dabei unweigerlich einen Teil dessen verlieren zu müssen, was einem wichtig scheine.«[90] Erleben und Behandlung eines divergenten Konfliktes (Dilemmatyp) beschreibt Kris folgendermaßen: »Die Kräfte ziehen in entgegengesetzte Richtungen, was vom Patienten so erlebt wird, als ob er auseinandergerissen würde. [...] Bei den Konflikten der Ambivalenz ist die Annahme des bevorstehenden Verlusts bewußt oder kann leicht bewußt gemacht werden, doch wird eine Lösung nicht durch das Gewahrwerden dieser Annahme bewirkt. Die Lösung erfordert vielmehr einen der Trauer ähnlichen Prozeß, mit einem schmerzlichen Alternieren der im Konflikt stehenden Elemente, um jene Annahme zu ändern.«[91] Es wäre zu fragen, ob Kohut bei seinen narzißtischen Patienten nicht verstärkt auf Konflikte dieses zweiten Typs gestoßen ist, was ihn jedoch veranlaßt hat, das erlebte Dilemma dieser Menschen insofern anders zu fassen, als es sich nicht der Behandlung des gewohnten neurotischen Konfliktes unterordnen läßt. Bei dem von der Psychoanalyse paradigmatisch beschriebenen konvergenten Typus liegt die Auflösung ja in der Aufhebung der Verdrängung, dem Durcharbeiten des inneren Verbotes und somit der Schwächung oder Stärkung eines der beiden Kontrahenten, was – zumindest paradigmatisch – etwas anderes als die beschriebene Trauerarbeit ist, die bei der Auflösung des divergenten Typus notwendig ist.[92] Ich sehe hier zwar auch Überschneidungen, die eine präzise Trennung nicht wirklich möglich machen, kann mir jedoch vorstellen, daß sich mit einer solchen Unterscheidung ein Zwischenbereich eröffnen läßt, von dem aus zukünftige Vermittlungsarbeit zu leisten wäre. Dann, wie noch gezeigt werden wird, lassen sich viele von Kohut eingeführte oder zumindest unterstützte theoretische Dichotomien (wie z. B. Defekt vs. Konflikt, narzißtisch vs. ödipal bzw. narzißtisch vs. triebhaft, tragisch vs. schuldig) nicht aufrechterhalten, da ihnen die klinische Erfahrung widerspricht.

Neben den problematischen Abgrenzungen, Definitionen und anderen fragwürdigen Gegenüberstellungen (s.u.), mit denen Kohut seinen Komplementaritätsgedanken begründet, findet beispielsweise Modell, daß eine »Strategie der Komplementarität« »einen Weg aus dem Dilemma zwischen Ich und Selbst« bietet, indem sie uns ermöglicht, »das Unvereinbare zu akzeptieren, ohne den Versuch zu machen, eine Synthese, Reduktion oder einen wechselseitigen Ausschluß zu erzwingen«[93]. Allerdings ist er nicht der Meinung, daß »das Selbst und der Ödipus-Komplex

[...] unterschiedlichen Psychologien zugeordnet werden«[94] können, sondern daß die Betrachtungsebenen der Psychoanalyse nicht in eine Ein-Personen- oder Zwei-Personen-Psychologie einzuordnen sind: S.E. besteht das Paradoxon darin, »daß beide Zusammenhänge gleichzeitig gegenwärtig sind«[95]. Er kritisiert Kohut dafür, die Anregung der Komplementarität sofort wieder zurückgenommen zu haben, indem er vorschlug, die Selbstpsychologie »als Ersatz für die klassische Psychoanalyse« und »nicht als ihr komplementäres Gegenstück« zu betrachten, und hält ihm eine »falsche Dichotomie« vor, indem er Selbstpsychologie als mit Mangelzuständen befaßt der klassischen Psychoanalyse als Konfliktpsychologie gegenüberstellt.[96]

Selbstobjekt und »true object«

Hinsichtlich der im Mittelpunkt von Kohuts Psychologie stehenden Überlegungen zu den Beziehungen zwischen Selbst und Selbstobjekten sind der Kritik ebenfalls Ungenauigkeiten bzw. theoretische Ungereimtheiten aufgefallen, wobei jedoch nicht immer von einer präzisen Erfassung des von Kohut Gemeinten gesprochen werden kann. Da es sich um ein für die Selbstpsychologie zentrales Konzept handelt, scheint es mir sinnvoll, an dieser Stelle ausführlich auf diese Debatte einzugehen, um die zukünftige Rezeption zu erleichtern.

1980 schreibt Friedman in einer umfangreichen Besprechung von Kohuts bis dahin erschienenen Werken, es scheine, daß sich der Begründer der Selbstpsychologie nicht sonderlich für die Übergänge zwischen Außeneinfluß und innerer Regulation interessiere, wie z. B. andere Autoren, die mit Introjekten, Identifikation oder Imitationen stark beschäftigt sind. Obwohl er die »Mechanik« des Strukturaufbaus nicht ignoriert habe, sei doch sein Hauptansatzpunkt zur Reifung das Studium der Bedürfnisse. »Das Selbstobjekt und seine Unterteilungen sind interpersonelle Begriffe, und ihre intrapsychischen Korrelate sind Defekte, keine Strukturen.«[97]

Während man über Friedmans allgemeine Einschätzung noch streiten kann, ist der letzte Satz, wenn nicht als Fehlrezeption zu bezeichnen, so doch zumindest als mißverständlich zurückzuweisen. Allerdings, das muß gesehen werden, hat Kohut auf dem Weg der Entwicklung des Begriffs durchaus Raum für Mißverständnisse solcher Art gelassen. Ursprünglich bezeichnete der Begriff das spezifische Übertragungserleben eines an einer narzißtischen Persönlichkeitsstörung leidenden Patienten in der analytischen Situation. Ein solcher Patient erlebt nämlich den Analytiker nicht als separates, autonomes Individuum, sondern eher als eine anonyme Funktion, die ihm bei der Erfüllung bestimmter narzißtischer Bedürfnisse, wie z.B. Bewundertwerden, zur Verfügung steht. Im unbewußten Erleben des Analysanden gibt es keine Trennung zwischen dessen Selbstrepräsentanz und der Objektrepräsentanz des Analytikers[98], was bedeutet, daß der Analytiker als zum eigenen Selbst gehörig empfunden wird. Gleichzeitig attestierte Kohut dem Selbst des Patienten eine defekte (oder fehlende Teil-)Struktur, die durch die zeitweilige Übernahme der Selbstobjektfunktionen, die der Analytiker zur Verfügung stellte, langfristig »aufgefüllt« werden konnte. In seinem ersten Buch nahm Kohut noch einen vorübergehenden Charakter an, den das Selbstobjekt für das Selbst zu erfüllen hatte; m.a.W.: Im Laufe einer analytischen Beziehung würde der Patient durch den (hier nicht weiter zu erörternden) analytischen Prozeß langsam (Selbst-)Struktur aufbauen können, die es ihm schließlich ermöglichen sollte, ohne Selbstobjekt auszukommen. Da die Funktionen des Selbstobjekts jetzt von der Selbst-Struktur ausgeübt werden können, ist es verzichtbar geworden, es hat somit seine entwicklungsfördernde Aufgabe erfüllt. So betrachtet, wäre dies eine Entwicklung, die zum sog. echten Objekt (»true object«) führt. Unter diesem Begriff versteht man ein kognitiv und affektiv vom Selbst abgegrenztes Objekt, dem auch Selbständigkeit, Eigeninitiative und ein Eigenleben zugestanden werden können. Objektbeziehungen libidinöser Art können so von Objektwahlen nach dem narzißtischen Typus abgegrenzt werden. In der Sprache der klassischen Metapsychologie, die Kohut in seinem ersten Buch noch verwendet, ist ein Selbstobjekt ein mit narzißtischer Libido besetztes Objekt, das so als Erweiterung des Selbst erlebt wird, während »echte Objekte« mit Objektlibido besetzt werden, da sie als getrennt vom Selbst erlebt werden können. (N 14, 51 f.) Metapsychologisch heißt Etablierung echter Objekte, daß verschiedene entwicklungsmäßige Aufgaben einigermaßen erfolgreich gelöst werden konnten: z.B. die Differenzierung von Selbst- versus Objektrepräsentanzen, die Integration »guter« und »böser« Selbst- und Objektrepräsentanzen, Objektkonstanz usw.[99] In diesem Denkmodell gehört die Selbstobjekterfahrung zu einem sehr frühen Stadium der Ichentwicklung, da sie noch vor der entwicklungsmäßigen Differenzierung von Selbst und anderen liegt, und wäre somit *präobjektal* zu nennen.[100] Gegenüber dieser entwicklungsmäßigen Bestimmung des Konzepts als Eigenschaft einer bestimmten Phase sah Kohut später die Selbstobjekterfahrung als einen Aspekt jeder Beziehung an. Da jede Beziehung das Selbst mitbetrifft und Selbstobjektbeziehungen lebenslang benötigt werden, verliert diese Bestimmung jetzt den eng umschriebenen archaischen, entwicklungsmäßig frühen, primitiven Charakter und kann als interpersonelles Konzept mißverstanden werden. Da dieses Konzept als Aspekt jeder interpersonellen Beziehung vorgestellt wird, konnte es für Kritiker Teil einer sozialpsychologischen Theorie werden und scheint somit für diese mehrdeutig geworden zu sein. Noch in seinem letzten Buch wendet sich Kohut gegen solch falsche Interpretationen des Begriffs und macht mit Nachdruck deutlich, daß sich die Begriffe des Selbst wie des Selbstobjektes »auf innere Erfahrungen beziehen« und daß sie Teil der psychologischen, nicht der physischen Realität sind. (WhdP 82) Allerdings unterscheidet er beim Ausdruck »Selbstobjekt« dort auch im Hinblick auf zwei verschiedene Bedeutungen, in denen er ihn verwendet. In der *allgemeinen* Bedeutung muß er »als jene Dimension unserer Erfahrung einer anderen Person, die mit den Funktionen dieser Person als Stütze unseres Selbst verbunden ist«, verstanden werden, während er in einem *spezifischen* Verständnis »immer als *archaisches* Selbstobjekt bezeichnet werden« sollte, da es hier um ein Erleben geht, das mit sehr frühen Entwicklungsphasen in Verbindung steht. (WhdP 81) Damit ist die Einheitlichkeit des Begriffes aufgegeben, und die Frage nach der Deutlichkeit einer solchen Unterscheidung läßt sich stellen. Es scheint zumindest, daß sich die alte Zweiteilung wieder bemerkbar macht, indem das spezifische Selbstobjekt die Nachfolge des narzißtisch besetzten, archaischen (Teil-des-Selbst-)Objekts angetreten hat, während das allgemeine Selbstobjekt eher in der Linie der objektlibidinös besetzten Objekte steht, also »normale« Objektbeziehungserfahrungen abbilden soll, die jetzt jedoch nicht unter einer Triebperspektive, sondern in bezug auf das Selbst gesehen werden sollen. Ebenso wie in der klassischen dualen Fassung »true objects« entwicklungsmäßig sekundär zu narzißtischen Objekten einzustufen sind, nimmt Kohut im Rahmen seiner letzten Bestimmung eine Entwicklungslinie von archaischen zu reifen Selbstobjektbeziehungen an. Damit nun setzt er sich selbst seinem eigenen Vorwurf gegenüber der Psychoanalyse aus, sie beinhalte eine »Entwicklungsmoral«, ohne daß er etwas über diesen Fortschritt von archaischen zu reiferen Formen in diesen Beziehungen aussagt. Greenberg/Mitchell kritisieren daher zu Recht Kohuts Anspruch, eine wertfreie Entwicklungspsychologie geschaffen zu haben.[101] Zudem schreibe Kohut über die Anschauungen psychoanalytischer Theoretiker zu psychischer Reife, als ob es sich dabei um einen »desolaten und schizoiden Zustand totaler Selbstgenügsamkeit [handele], in dem jegliche Art von Bedürfnis nach anderen als moralischer Defekt der verabscheuungswürdigsten Art«[102] betrachtet würde.

Zurück zur Mißverständlichkeit des Selbstobjektbegriffs als interpersonelles Konzept. So meint Perlov ebenfalls, eine graduelle Bewegung Kohuts vom Bezug des Ausdrucks auf eine spezifische intrapsychische Einstellung hin zu einem stärkeren Nachdruck auf Selbst-Selbstobjekt-Beziehungen zu sehen. In diesen Beziehungen »scheint sich ›Selbstobjekt‹ (in einem größeren Ausmaß, nicht gänzlich) auf die andere Person (d. h. das externe Objekt) zu beziehen«[103]. Obwohl Perlov weiß, daß man Kohut auch anders (nämlich intrapsychisch) interpretieren kann, sieht er seine Auffassung durch Kohuts klinisches Vorgehen, das er für »interpersonell orientiert« hält (da Kohut sich auf das »tatsächliche Verhalten des Selbstobjekts« bezieht), bestätigt.[104] In die gleiche Richtung geht die Bemerkung, daß in Kohuts Theorie die Rolle der unbewußten Phantasie vernachlässigt wird[105] und daß dadurch das Selbstobjekt stärker die Züge der tatsächlichen Erfahrung mit dem (äußeren) Objekt trage. Dies bedeutet, daß solche Überlegungen, die eine durch (Wunsch vs. Abwehr oder anders konzipierte) Phantasietätigkeit *verzerrte*, innerpsychische Repräsentation einer Selbst-mit-Objekt-Erfahrung annehmen, sich nicht ohne weiteres in das selbstpsychologische Konzept einfügen lassen, da Kohut eine solche Vorstellung nicht favorisiert.[106] Letzten Endes läßt sich bei Kohut eine gegenüber der traditionellen Psychoanalyse verminderte Elaborierung intrapsychischer Vorgänge konstatieren; so geht er z. B. nirgendwo auf die strukturelle Situation des Selbst nach einem traumatischen Erlebnis detailliert ein, wohingegen Fairbairn und Guntrip (deren Konzeptionen starke Parallelen aufweisen) ein Selbst beschreiben, das nicht bloß mit »Fragmentierung« reagiert, sondern das auf die durch pathologische Objektbeziehungen induzierte Traumatisierung so reagiert, als ob es sich durch einen schizoiden Selbstmord verteidigen könnte, indem es zu sterben und wiedergeboren zu werden wünscht.[107]

In bezug auf das Selbstobjekt als theoretisches Konstrukt ist von Loewald bereits 1973 auf eine konzeptuelle Schwierigkeit aufmerksam gemacht worden. Wenn nämlich das Selbstobjekt als archaisches Objekt im strengen psychoanalytischen Sinne kein echtes Objekt ist (obwohl ein externer Beobachter dies feststellen mag) und Kohut es als vorübergehend (transitional) bezeichnet, dann – so Loewald – sei das Selbst auch ein Übergangsselbst, ein archaisches und kein echtes Selbst.[108] Wendet man Kohuts Bestimmung des Selbstobjekts als Teils des eigenen Willenssystems im Erleben des Patienten nämlich konsequent an, so dürfte es aus logischen Gründen nicht möglich sein, daß jemand ein archaisches »Selbstobjektversagen« wahrnehmen kann. »Tatsächlich ist es wahrscheinlicher, daß er das Unglück irrational als persönliches Versagen erlebt.«[109] Damit wären wir wieder bei der schon angesprochenen Möglichkeit einer Verzerrung psychischer Inhalte, aufgrund der fehlenden Fähigkeiten des sich noch entwickelnden psychischen Apparates und/oder verschiedener Wunsch-Abwehr-Konstellationen, angelangt. Gedo leitet aus der frühen erlebnismäßigen Verschränkung von Selbst und Selbstobjekt genau dies ab: »Die Einstellungen, die Patienten als Erwachsene haben, sind keine direkten Spiegelungen ihrer ursprunglichen Kindheitsreaktionen auf verschiedene entscheidende Erfahrungen.«[110] Man könnte dieser Kritik natürlich entgegenhalten, daß sich der Ausdruck »Selbstobjekt« nicht auf

Personen oder andere Umwelteinheiten bezieht, sondern auf das subjektive Erleben eines Objektes, das bestimmte Funktionen für das Selbst erfüllt. Demnach wäre »Selbstobjektversagen« keine Bezeichnung für objektiv einzuschätzende Fehler einer Pflegeperson, sondern ein Hinweis auf eine subjektiv erlebte Abwesenheit von erforderlichen Selbstobjektfunktionen.

Die genannte Kritik macht zumindest deutlich, daß dieses – auch klinisch – so bedeutsame Konstrukt einer strengeren Konzeptualisierung bedarf, so daß kein Raum für Vieldeutigkeiten und theoretische Ungenauigkeiten verbleibt. Erstens scheint es nicht unproblematisch zu sein, den Ausdruck »Selbstobjekt« mit einer präzisen Bedeutung zu versehen. Zweitens ist durch die Ausweitung des Begriffs durch die Selbstpsychologie unklar geworden, inwiefern sich beispielsweise Selbstobjektbeziehungen der reifen Art von den klassischen objektlibidinösen Beziehungen abheben. Durch die Unterscheidung von Selbstobjekt und echtem Objekt wurde das Problem der Reifizierung in Gestalt einer falschen Dichotomie virulent, so daß nun mancher annehmen muß, die Welt sei durch zwei verschiedene Arten von Objekten bevölkert.[111] Hinzu kommt die Schwierigkeit, daß mit Kohuts Aufgabe des Komplementaritätsgedankens die Selbstpsychologie ihren Erklärungsanspruch so weit ausgedehnt hat, daß sie die alte Triebpsychologie nunmehr umfaßt und die Phänomene des schuldigen Menschen bloß sekundären Rang beanspruchen können. Während Grunert die Neufassung der Selbst-Selbstobjekt-Beziehungen als lebenslange Notwendigkeit (im Rahmen der Differenzierung von allgemeinen und spezifischen Selbstobjekten) für »überichentlastend und damit ichstärkend« hält, sollte sie »nicht so überinterpretiert werden (wie es in den jüngsten Arbeiten den Anschein hat), als gäbe es in der Selbstpsychologie neben Selbstobjektanteilen einer Beziehung keinen eigentlichen Objektbezug mehr«[112]. Die schon angesprochene Bedeutungsüberdehnung des Konzepts, das ursprünglich als wertvolle Ergänzung willkommen geheißen wurde und nun Ausschließlichkeit beansprucht, wird auch von ihr erkannt, wenn sie bemerkt, daß folgende Verkehrung stattgefunden hat: »Ziel in der Selbstpsychologie ist eine reife Selbstobjektbeziehung, nicht eine reife Objektbeziehung mit Selbstobjektanteilen.«[113]

Das Problem, das an dieser Stelle nachdrücklich bezeichnet werden muß, ist der Verlust der ursprünglichen Spezifität des Konzeptes: Gegenüber der lebenslangen, immer präsenten, normalen Funktion des Bedürfnisses nach Selbstobjekten war ursprünglich das Verlangen nach Selbstobjektfunktionen Ausdruck und Hinweis auf ein *gefährdetes* oder *fragmentiertes* Selbst. So betont Basch, daß Selbstobjekterfahrungen nur in bezug auf ein bedrohtes oder beschädigtes Selbst mobilisiert werden. »Funktioniert eine Person als Zentrum von Initiative, dann setzt sie sich zu den anderen als eigenständigen Objekten (Personen) in Beziehung, und sie funktioniert in der Welt von dieser Position aus.«[114]

Die bei Kohut angelegte Ambiguität des Konzeptes zeigt sich auch in weiteren Revisionen, die heute langsam von seinen Schülern vollzogen werden, indem sie beispielsweise die ursprüngliche Sicht, daß das Selbstobjekt als eine Erweiterung des Selbst erlebt wird, verlassen und es statt dessen in einem Kontinuum zwischen Verschmelzung und Abgrenzung ansiedeln. Betont wird demgegenüber stärker die Funktion des anderen als der Zusammenhang mit dem Selbsterleben.[115]

Es wurde schon darauf hingewiesen, daß auch Kohut in der dualistischen Tradition psychoanalytischer Denkmodelle steht, die Gelegenheit zu Mißdeutungen und falschen typologischen Vergegenständlichungen bieten, zumal er bis zum Schluß wesentliche Dichotomien beibehalten hat. Trotz aller Ungenauigkeiten und mißverständlichen Ausführungen hat Kohut in seinem letzten Buch gleichwohl eine sehr klare Aussage gemacht, indem er den Ausdruck »Selbstobjekt« als eine »Dimension unserer Erfahrung einer anderen Person« (WhdP 81) bezeichnete. Nur wenn der Terminus in dieser – psychoanalytisch noch näher zu erhellenden – Bedeutung verwandt wird, können m. E. die genannten Schwierigkeiten beim Gebrauch des Konzepts vermieden werden. Stolorow hat, auf der Basis einer multidimensionalen Perspektive, versucht, die Selbstobjektdimension als Teil umfassender Objekterfahrung darzustellen. Dabei geht er von der Idee einer ständig wechselnden Figur-Grund-Beziehung von Selbstobjektdimension und anderen Dimensionen der Erfahrung *ein und desselben* Objektes aus. Aus dieser Perspektive müssen Selbstobjektversagen und psychischer Konflikt auch nicht als dichotom, sondern können als voneinander abhängig gesehen werden. »Tatsächlich kann gezeigt werden, daß die Formation eines inneren Konfliktes, ob in der frühen Entwicklung oder in der psychoanalytischen Situation, immer in spezifischen ›intersubjektiven Zusammenhängen‹ von Selbstobjektversagen stattfindet.«[116]

Damit analytische Erkenntnisse und klinische Erfahrungen in das Konzept eingetragen werden können, wurden durch Kohuts Schüler weitere Ergänzungen hinsichtlich der Selbstobjektfunktionen vorgeschlagen, die jedoch eher additiv als differenzierend und klärend wirken. So meint Wolf, auch »aversive Bedürfnisse« und »Bedürfnisse nach Effektanz (efficacy)« in eine Liste der Selbstobjektbedürfnisse eintragen zu müssen.[117] Bacal/Newmann meinen, daß neben »phantasierten Selbstobjekten und phantasierten Selbstobjekt-Beziehungen«[118], die ebenfalls von Bedeutung sein mögen, der »Entwicklung des bösen Objekts«[119] eine besondere Rolle zukäme. Stolorow zufolge macht sich bei der Einführung solcher Konzepte wie »negativer Selbstobjekte« oder »böser« bzw. »schlechter Selbstobjekte« (bad selfobjects) wieder die Tendenz zur Reifikation von Erfahrungen, die sich um das Versagen eines Selbstobjekts drehen, bemerkbar. Diese Ausdrücke offenbaren nur eine Fehlanwendung des Begriffs »Selbstobjekt«, da er sich hier eher auf Menschen beziehe als auf Erfahrungen. Bezieht sich dieser Ausdruck nämlich auf eine Klasse von Funktionen, dann sei der Ausdruck »negatives Selbstobjekt« ein Widerspruch in sich. »Ein Objekt, das nicht als eine Quelle von Selbstobjektfunktionen empfunden wird, ist einfach kein Selbstobjekt – gut, schlecht oder gleichgültig. Wenn eine Person schmerzhafte Erfahrungen mit einem Objekt zum Zwecke der Selbstwiederherstellung verwendet, dann ist dies am besten als Ersatz für eine fehlende Selbstobjekterfahrung zu begreifen, nicht als eine Beziehung zu einem ›negativen Selbstobjekt‹.«[120]

Es ist unschwer zu erkennen, daß die von Kohuts Schülern eingeführten Vorschläge zur Konzipierung der Selbstobjektdimension menschlichen Erlebens eine klare Absage an die ursprüngliche Fassung bedeuten. Dabei ist allerdings zu sehen, daß Kohut selbst in seinem Spätwerk von seinen originären Formulierungen und deren Implikationen abwich und damit Raum für eine Vielzahl von Auslegungsmöglichkeiten schuf. Die Auswirkungen mangelnder theoretischer Präzision auf die interne Konsistenz und klinische Brauchbarkeit dieses wichtigsten Konzepts der Kohutschen Selbstpsychologie sind leider unübersehbar. Zur präziseren Klärung wäre es für die Anhänger der Selbstpsychologie m. E. unbedingt erforderlich, sich um Anschluß an das theoretische Wissen der anderen psychoanalytischen Richtungen zu bemühen, um in einer gemeinsamen Anstrengung und genaueren Abgrenzung der Begriffe und theoretischen Perspektiven deren klinische Brauchbarkeit zu erhalten und zu verbessern. In bezug auf die Rezeption der klassischen Freudschen Positionen scheinen die Selbstpsychologen z.T. Kohuts Fehlrezeptionen[121] mitzumachen und sind sich z. B. in der Einschätzung der Triebtheorie als falsch und überholt einig. »Es ist wahr, daß, da die meisten

Psychoanalytiker und sicherlich die meisten Psychotherapeuten nie gründlich Freud gelesen haben, sie die Triebtheorie bestenfalls als Metapher ansehen, die sie schnell verwerfen – das spart eine Menge Lesen, das sonst hätte getan werden müssen.«[122] Besonders bemerkbar macht sich die selbstpsychologische Vernachlässigung anderer Perspektiven bei der Abgrenzung der Selbstobjektbeziehungen. Da die klassische Sicht der Triebobjekte, die ursprünglich einmal die theoretische Gegenüberstellung von ichlibidinös (narzißtisch) und objektlibidinös besetzten Objekten ermöglichte, aufgegeben scheint, stellt sich die Frage: »Selbstobjekte im Gegensatz zu welchen anderen Objekten?«[123] Oder gibt es nur noch Selbstobjekte, da jede Beziehung auch das Selbst tangiert?[124]

Ob Kohuts Nachfolger für diese Schwierigkeiten befriedigende Lösungen finden, muß zunächst noch dahingestellt bleiben, scheint mir aber im wesentlichen davon abzuhängen, inwieweit sie in Terminologie und Konzeptbildung die notwendigen Klärungen vornehmen können, um eine einheitliche Perspektive (d.h. im wesentlichen, daß sie theoretisch so konsistent ist, daß sie als potentiell integrativ oder demarkativ zu den gegenwärtigen Richtungen der Psychoanalyse stehen kann) anzubieten.

Als 1995 die Herausgeber der *Psychoanalytic Dialogues* ein Symposion über Selbstpsychologie nach Kohut veranstalteten, indem sie Kohuts Schüler und andere bedeutende Vertreter zu zentralen Fragen zu Wort kommen ließen, mußten sie in ihrer Stellungnahme zu den eingetroffenen Aufsätzen feststellen, daß alle das Selbstobjektkonzept zu Kohuts zentralen theoretischen Innovationen rechnen; aber: »jeder von Ihnen benutzt den Ausdruck Selbstobjekt in seiner eigenen abgegrenzten und besonderen Art und Weise«[125].

5. Abschließende Perspektiven

Wollte man ein spontanes Urteil über Kohuts Werk abgeben, so ließe sich ein solches angemessen mit den Worten Friedmans darstellen: »Es ist schwer, sich jemanden vorzustellen, der aus Kohuts Schriften keine lebendige, neue Wahrheit über den Menschen mit sich nimmt.«[126] Abgesehen von der – in Auszügen dargestellten – Kritik, die neben Ablehnung auch eine fruchtbare Auseinandersetzung mit den selbstpsychologischen Neuerungen mit sich brachte, scheinen einige von Kohuts theoretischen Vorstellungen sogar empirische Unterstützung zu erhalten. So meint Köhler, daß die Resultate des Säuglingsbeobachters Sander, dessen Ansatz darin besteht, Mutter und Kind als ein System aufzufassen, »für die Richtigkeit der von Kohut aufgrund klinischer Befunde postulierten Selbst-Selbstobjekt-Beziehungen« sprechen.[127] Hinsichtlich der wichtigen Funktion des »Mirroring« bei der Etablierung eines Kern-Selbstgefühls und der Weiterentwicklung einer durch die Mutter vermittelten Identität (Kohuts »virtuelles Selbst«) bestehen ebenfalls überraschende Parallelen zwischen den Ergebnissen der neueren Entwicklungsforschung (sog. baby-watching) und Kohuts theoretischen Vorstellungen.[128] Dornes kommt ebenfalls aufgrund seiner Durchsicht der Ergebnisse der direktbeobachtenden Entwicklungspsychologie zu der Aussage: »Berührungspunkte mit der Selbstpsychologie Kohuts, den Objektbeziehungstheorien und der Bindungstheorie Bowlbys sind unübersehbar.«[129]

Aufgrund eigener Kinderbeobachtungen kommt Parens hinsichtlich der psychoanalytischen Aggressionstheorie zu Ergebnissen, die wiederum Kohuts Einschätzung der Rolle von aggressiven Äußerungen stützen. So unterscheidet er »eine angeborene Tendenz *nicht-destruktiver Aggression*, die Durchsetzungsfähigkeit und Autonomie fördert, und eine erfahrungsabhängige Tendenz *feindseliger Destruktivität*«. Ziemlich nahe an Kohuts Formulierungen zur »narzißtischen Wut« liegt sein Hinweis auf eine »integrative Wirkung des Hasses«[130].

Inwieweit die Ergebnisse der »baby-watcher«, die mit einer im Vergleich zum psychoanalytischen Forschen ganz anderen Methodologie zustande gekommen sind, die psychoanalytische Konzeptbildung beeinflussen können, wird derzeit noch kontrovers diskutiert.[131] Es sei hier nur am Rande vermerkt, daß Kohut selbst eine äußerst skeptische Haltung gegenüber einer direkten Integration von Ergebnissen der Säuglingsforschung ins psychoanalytische Paradigma einnahm und immer wieder darauf hinwies, daß zunächst eine Kompatibilität zwischen Daten, die mit dem psychoanalytischen Forschungsinstrument Empathie (introspektive Beobachtung) erhoben wurden, und solchen, die aus der extrospektiven Beobachtung stammen, hergestellt werden muß. (SR 475)

Doch besteht auch ohne die interdisziplinäre Anerkennung von Kohuts Ideen in der »psychoanalytic community« weltweit Einigkeit über seine Beiträge zur Weiterentwicklung der Psychoanalyse als Behandlungstheorie und Forschungsinstrument. Seine Vertiefung des Verständnisses der Übertragungsformen und die Erweiterung der Behandlungstechnik durch seine Empfehlungen (die u. a. darin bestehen, die versteckten, tatsächlichen Kränkungen in der analytischen Situation aufzusuchen, um therapeutische Engpässe und Sackgassen aufzulösen) dürfen als willkommene und mittlerweile anerkannte Innovationen gelten. So sprechen z. B. Thomä/Kächele in ihrem *Lehrbuch der psycho-*

analytischen Therapie von einem »behandlungstechnischen Fortschritt, den Kohuts Ideen gebracht haben«[132].

Kohuts Vorstellungen wirkten auch überaus befruchtend auf andere Konstrukte und klinische Fragestellungen und konnten bestehende Erklärungen erweitern und vertiefen; nur zwei Beispiele seien hier angeführt: Morgenthalers Verständnis der Perversion als einer »Plombe«, die eine wichtige Funktion bei der Selbstwertregulation spielt[133], und die Versuche, das Konzept der projektiven Identifizierung mit dem des Selbstobjektes in Verbindung zu bringen.[134]

Selbst bei der ansonsten recht kritischen Besprechung von Kohuts letztem Buch kommt der Rezensent abschließend zu der Einschätzung, daß die klinischen Einblicke sehr wertvoll sind und Kohut eine »stimulierende, kreative Kraft«[135] gewesen ist. Für »eine der einflußreichsten und kontroversesten Figuren der Psychoanalyse in den letzten beiden Jahrzehnten«[136] hält ihn Perlov.

Die breite Akzeptanz der Kohutschen Sicht spiegelt sich auch in der Situation der Psychoanalyse in den Vereinigten Staaten, wo es heute drei etablierte Hauptrichtungen gibt und die Selbstpsychologie neben Trieb- bzw. Ich- (die beiden können zusammengefaßt werden) und Objektbeziehungstheorie auch zu den Lehrinhalten mancher Ausbildungsinstitute für Analytiker gehört. Während die Ausrichtung auf eine Perspektive, in der das Selbst der zentrale Faktor ist, mittlerweile zu den Möglichkeiten einer Falldiskussion und -präsentation gehört und auf selbstpsychologische Konzepte heute auch in etablierten Kreisen Bezug genommen wird – m.a.W. Konsens über die Relevanz von Aspekten von Kohuts Werk besteht –, verhält sich die Situation hinsichtlich des von der Selbstpsychologie vertretenen Anspruchs etwas anders.

Anspruch der Selbstpsychologie

Im Hinblick auf die Einschätzung von Kohuts Beiträgen zur Psychoanalyse läßt sich m.E. schnell Einigung herstellen; anders steht es jedoch mit der Etablierung seiner Selbstpsychologie als einer Theorie, die den Anspruch erhebt, die Psychoanalyse zu ersetzen, indem sie als ein neues Paradigma gelten möchte, das das alte, wesentlich in der Triebtheorie fundierte, abzulösen gedenkt.

In seiner letzten, kurz vor seinem Tod fertiggestellten Arbeit schreibt Kohut zwar zunächst von der »korrespondierenden Sicht der Selbstpsychologie« als einer »breiteren, umfassenderen Sicht, die die vorhergehende ergänzt (to complement), jedoch nicht ablöst«, spricht dann aber eine Seite später davon, daß der Theorierahmen des schuldigen Menschen nur innerhalb strikter Grenzen wirklich nützlich sei. »Es sei denn, er wird ergänzt und dem selbstpsychologischen Gesichtspunkt *untergeordnet*, der die Selbsterfahrung in das Zentrum der psychologischen Sicht des Menschen stellt.« (SfS 4 555 f. Meine Hervorh. RJB)

An dieser Stelle stellt sich erneut die Frage nach der Positionierung der Selbstpsychologie in ihrem Verhältnis zur klassischen oder modernen Psychoanalyse, die m.E. bisher von Vertretern der Selbstpsychologie (Kohut inbegriffen) ein wenig nach Art des Wettrennens zwischen Hase und Igel vermieden wurde. Warf man ihr von etablierter Seite aus vor, sie vertrete einen totalitären Anspruch, den sie mit dem Hinweis auf einen Paradigmenwechsel (der nicht von Kohut, sondern m.W. von Paul Ornstein stammt) begründete, und wolle die Psychoanalyse ersetzen bzw. als Selbstpsychologie fortführen, so kam aus selbstpsychologischem Lager die bescheidene Antwort, es gehe doch nur um ein Ergänzungsverhältnis, das eine verzerrte Sicht zu korrigieren gedenke. Schlagen dann um Integration bemühte Theoretiker vor, den selbstpsychologischen Gesichtspunkt als einen Aspekt unter anderen zu betrachten, so kontert die Gegenseite, daß sich die Selbstpsychologie nicht von einer Theorie vereinnahmen lasse, die auf so vollkommen unterschiedlichen theoretischen Füßen stehe (von denen ja auch einige als veraltet bereits von selbstpsychologischen Vertretern hinter sich gelassen wurden[137]), und daß als Lösung z.B. für den triebtheoretischen Ansatz bestenfalls ein Einzug in ein Ein-Zimmer-Appartement im Keller (?) des selbstpsychologischen Hauses zur Debatte stünde. So fragt sich auch Wahl, ob nicht vieles »verbal zwar als Ergänzung ausgegeben, faktisch aber doch als Überbietung verstanden«[138] wird. Deutlich wird dies in einer Arbeit von Morton und Estelle Shane, die davon sprechen, daß viele Konzepte des psychoanalytischen Strukturmodells (Es, Ich, Über-Ich) »in die erweiterte Kontrolle der selbstpsychologischen Theorie miteinbezogen werden müssen«[139]. Aber auch Kohut selbst war gegen Ende seines Lebens nicht so weit von einer solchen Sichtweise entfernt. Auf der Bostoner Konferenz 1980 sprach er noch davon, daß die Selbstpsychologie der traditionellen Psychoanalyse etwas hinzufüge und sie nicht ersetzen will; vielmehr gehe es um unterschiedliche, komplementäre Perspektiven zwischen Trieb- und Selbstpsychologie. Jedoch: »In der letzten Phase seines Nachdenkens über das Verhältnis der Selbstpsychologie zur klassischen Analyse nahm Kohuts Vertrauen (reliance) in die Komplementarität stetig ab.«[140] Miller meint, daß Kohut die Selbstpsychologie nicht mehr primär als alternative, gleichwertige Erklärung klinischer Phänomene betrachtete, sondern seine Psychologie als »zentrale, fundamentale Position der analytischen Psychologie [sah] und glaubte, daß sie die klassische Position subsumiere«. Die klassische Position werde dadurch nicht gänzlich eliminiert, aber die Selbstpsychologie enthalte sie (bzw. bewahre sie auf; to contain) und behandele klassische Konzepte und Funde im wesentlichen als »Spezialfälle« innerhalb der Selbstpsychologie.[141]

Diese Sicht auf das Verhältnis zur sog. klassischen Psychoanalyse wurde von vielen Kritikern nicht unwidersprochen hingenommen, sondern auf das schärfste verurteilt. »Sollte jedoch die Psychologie des Selbst auf dem Anspruch der übergeordneten Position beharren, mit der sie mehr oder weniger offen behauptet, die klassische Analyse zu ersetzen, dann, fürchte ich, ist die Zukunft der Psychologie des Selbst die Zukunft einer weiteren Illusion.«[142]

Lösungswege

Ich möchte an dieser Stelle nicht das methodologische Problem einer möglichen Integration im Hinblick auf Kompatibilität oder Inkompatibilität[143] oder anderer Theoriebildungsschwierigkeiten aufgreifen, sondern mich einem Vorschlag Kohuts anschließen, die Integration nicht zu erzwingen, solange die konzeptuellen Schwierigkeiten zu groß sind und nicht überwunden werden können. (SR 477) Solange kann eine Integration im Sinne einer Vereinigung (die schlimmstenfalls als Vereinnahmung erlebt werden kann) verschoben werden. Ich bin jedoch auch der Meinung, daß sich die selbstpsychologische Bewegung keinen Gefallen tut, wenn sie sich – leider ganz in der Tradition Kohuts – allzusehr von den anderen Richtungen innerhalb der Psychoanalyse fernhält; statt dessen könnten der Anschluß und der Dialog gesucht werden.

Es dürfte ganz im Sinne Kohuts sein, der der klinischen Beobachtung höchste Priorität beimaß (SR 515), wenn vorgeschlagen wird, die Lösung in einer konsequenten Diskussion der Vielfalt der Perspektiven zu suchen. In einer solchen kritischen Diskussion würde sich vielleicht zeigen, daß sich – wie Wahl meint – die beiden Ansätze »nicht einfach bloß ergänzen, sondern daß eigentlich der eine ohne den anderen ›falsch‹, d. h. einseitig bleibt; ›richtig‹ sind beide nur insoweit, als der eine den anderen kritisiert und tendenziell ›aufhebt‹ – ›wahr‹ also nur in ihrer wechselseitig kritischen Funktion« [144].

Treuerniet hatte bereits 1980 eine Idee, die ich auf dem Weg zu einer zukünftigen »Versöhnung« der Perspektiven für vielversprechend halte: »Ich denke ernsthaft, daß die einzige Lösung darin besteht, daß Schöpfer oder kompetente Anhänger widerstreitender Perspektiven über eine gewisse Zeitspanne gemeinsam arbeiten und dasselbe Material betrachten sollten.« [145]

Mittlerweile hat Frans Verhage in Holland ein solches Verfahren der engen Kooperation etabliert. »Die Methode bezieht sich auf eine Situation, in der ein sachverständiger Analytiker täglich oder wöchentlich einen Bericht über eine Analyse schreibt, der dann vier oder fünf erfahrenen Analytikern mit möglichst unterschiedlichen theoretischen Standpunkten ausgehändigt wird, die unabhängig voneinander jeden Monat ihre Kommentare und Prognosen notieren. Zweimal im Jahr diskutiert die ganze Gruppe einen Tag lang die Ergebnisse der vergangenen sechs Monate. Dies wird mit großem Nutzen für alle Beteiligten seit mehr als zehn Jahren praktiziert.« [146]

Eine solche Vorgehensweise könnte das große konzeptuelle Problem der Kompatibilität verschiedener theoretischer Ansätze zunächst aufschieben, indem die unterschiedlichen Psychologien der Psychoanalyse als Werkzeuge betrachtet werden, die sich bei der analytischen Arbeit bewähren können. In diesem Sinne versteht Wurmser auch die Berechtigung und Gültigkeit vieler differierender Ansätze auf der klinischen Ebene, markiert jedoch auch klar die Grenzen ihrer Ansprüche:

»Es gibt eine Fülle von Beobachtungen, die bei bestimmten Zugangsweisen zu Patienten gemacht werden können. Ob es nun Grünbaums Hexenmeister sei, ob es die Betrachtungsweise von Jeffrey Masson und Alice Miller sei, oder die jeweilig von Adler und Jung, von Klein, Kernberg, Kohut und Mahler bestimmte – sie alle gestatten es, gewisse ihre Beobachtungen zusammenfassende Aussagen zu machen und deren Wahrheitswert aufgrund der heranzuziehenden Daten zu behaupten. Diese Behauptungen mögen radikal von denen abweichen, die Sigmund und Anna Freud gemacht haben, oder die sich bei der Frühkindheitsforschung ergeben haben. Ich glaube, die Frage ist dann nicht die, ob jene Beobachtungen und sogar die zusammenfassenden Aussagen richtig oder falsch seien. In der Tat glaube ich, sie sind in einem Sinne allesamt ›richtig‹. Doch ist es erst ihr Gebrauch als *Erklärungen*, ihr Anspruch auf umfassende Erklärungskraft, d.h. darauf, daß sie, und sie allein, die objektive Wahrheit in bezug auf die *Ursache* dafür, was sie beschreibend dargetan haben, vorstellen. Es ist dieser Anspruch, der ständig von der klinischen wie der außerklinischen Erfahrung entkräftet wird.«[147]

Derzeit handelt es sich bei den psychoanalytischen Richtungen um legitime Perspektiven, die in ihrer Gesamtheit erst das komplexe und vielschichtige unbewußte psychische Leben eines Menschen zu betrachten erlauben, ohne daß bereits heute von einer der alleinige Erklärungsanspruch auf die »objektive Wahrheit in bezug auf die Ursache« eingelöst werden könnte. Die Betrachtung der Triebprozesse, der Ichorganisation, der Objektbeziehungen und der Zustände des Selbst sind zwar konzeptionell getrennte Sichtweisen, überlappen sich jedoch in der klinischen Realität und bereichern sich gegenseitig durch ihre jeweils unterschiedliche Akzentuierung der seelischen Prozesse. Die Aufgabe einer gemeinsamen Zusammenarbeit und des gegenseitigen Austauschs (auf der behandlungstechnischen wie auch theoretischen Ebene) wäre noch zu erfüllen, wenn die wesentlich durch Kohuts Beiträge gestellte Frage beantwortet werden soll: »Can Psychoanalysis find its Self?«[148]

Anhang

Anmerkungen

1 Montgomery, Paul L., Heinz Kohut, Whose Theory Opposed Freud's, Dead at 68, in: The New York Times, 10.10.1981.

2 Ebenda.

3 Ebenda.

4 Ich stütze mich in meiner Darstellung von Kohuts Lebensgeschichte auf Geoffrey Cocks Einleitung zu: Kohut, Heinz, The Curve Of Life. Correspondence of Heinz Kohut. 1921-1981, Chicago/London 1994. Meine gekürzte und verdichtete Skizze gibt nur in groben Zügen Cocks ausführlichere und differenzierte Darstellung wieder; der interessierte Leser sei auf ihn verwiesen.

5 Siehe Cocks, Geoffrey, Einleitung, a. a. O., S. 4 f. Vgl. auch Bergman, Martin, The Evolution and Transformation of Psychoanalytic Models: A Historical Perspective, in: Fenchel, Gerd (Hg.), Psychoanalysis at 100, Lanham 1994, S. 29 f.

6 Kohut an Marquis Biographical Library Society, 1.7.1972, vgl. Cocks, Geoffrey, Einleitung, a. a. O., S. 7.

7 Im Gegensatz zu allen anderen Analytikern (mit Ausnahme von Alfred von Winterstein), die das Land verlassen mußten, war August Aichhorn in Wien geblieben und erhielt im Untergrund die Psychoanalyse weiterhin aufrecht.

8 Geyer, G.A., zit. nach: David Moss, in: NEF.

9 Cocks, Geoffrey, Einleitung, a. a. O., S. 12. Kohut, Brief vom 10.10.1956.

10 Goldberg, Arnold, Obituary, in: International Journal of Psychoanalysis, Bd. 63, 1982, S. 257.

11 Vgl. Ornstein, Paul, Introduction, in: Kohut, Heinz, The Search for the Self. Selected Writings of Heinz Kohut, hrsg. von Paul Ornstein, Bd. 1, New York 1978, S. 21.

12 Goldberg, Arnold, Obituary, a. a. O., S. 258.

13 Arlow, Jacob A./Brenner, Charles, Grundbegriffe der Psychoanalyse, Reinbek 1976, S. 17.

14 Freud, Sigmund, Neue Folge der Vorlesungen zur Einführung in die

Psychoanalyse (1933), in: ders., Gesammelte Werke, Bd. XV, Frankfurt/M. 1946 ff., S. 86.

15 Jones, Ernest, Das Leben und Werk von Sigmund Freud, Bd. 2, Bern 1962, S. 360.

16 Das Verdienst, die erste psychoanalytische Abhandlung über den Narzißmus geschrieben zu haben, gebührt jedoch Isidor Sadger (1867-1942).

17 Jones, Ernest, Das Leben und Werk von Sigmund Freud, Bd. 2, a.a.O., S. 357 f.

18 Nunberg, Herman/Federn, Ernst (Hg.), Protokolle der Wiener Psychoanalytischen Vereinigung, Bd. II, Frankfurt/M. 1977, S. 282.

19 Freud, Sigmund, Zur Einführung des Narzißmus (1914), in: ders., Gesammelte Werke, Bd. X, Frankfurt/M. 1946 ff., S. 142.

20 Diese Auflistung orientiert sich an: Pulver, Sidney, Narzißmus: Begriff und metapsychologische Konzeption, in: Psyche, 1972. Siehe dazu auch den Aufsatz von Heinz Henseler: Die Theorie des Narzißmus, in: Eicke, Dieter (Hg.), Psychologie des 20. Jahrhunderts: Tiefenpsychologie, Weinheim 1978/1982.

21 Hinsichtlich der Abfolge der frühen Zustände herrschen bei Freud unterschiedliche, sich z.T. widersprechende Vorstellungen. So gibt es beispielsweise die Annahme, daß der Sexualtrieb ursprünglich ein Objekt außerhalb des eigenen Körpers besitzt (die Mutterbrust) und erst autoerotisch wird, nachdem er dieses verloren hat. Andererseits scheint es eine Tendenz in den späteren Schriften zu geben, den primären Narzißmus immer früher anzusiedeln, d.h. bis in das intrauterine Leben hinein. Zur Übersicht vgl.: Laplanche, Jean/ Pontalis, J.-B., Das Vokabular der Psychoanalyse, Frankfurt/M. 1973; Nagera, Humberto, Psychoanalytische Grundbegriffe, Frankfurt/M. 1976.

22 Freud, Sigmund, Zur Einführung des Narzißmus, a.a.O., S. 154.

23 Ebenda, S. 156.

24 Ebenda, S. 161.

25 Ebenda, S. 165.

26 Pulver, Sidney, Narzißmus, a.a.O., S. 34.

27 Hartmann, Heinz, Bemerkungen zur psychoanalytischen Theorie des Ichs (1959), in: ders., Ich-Psychologie. Studien zur psychoanalytischen Theorie, Stuttgart 1972, S. 132.

28 Freud, Sigmund, Zur Einführung des Narzißmus, a.a.O., S. 141.

29 Ebenda.

30 Holder, Alex/Dare, Christopher, Narzißmus, Selbstwertgefühl und Objektbeziehungen, in: Psyche, 1982, S. 790.

31 Ebenda, S. 791.

32 Freud, Sigmund, Studien über Hysterie (1895), in: ders., Gesammelte Werke, Bd. I, Frankfurt/M. 1946 ff., S. 308 f.

33 Ders., »Psychoanalyse« und »Libidotheorie« (1923), in: ders., Gesammelte Werke, Bd. XIII, Frankfurt/M. 1946 ff., S. 223.

34 Ders., Zur Dynamik der Übertragung (1912), in: ders., Gesammelte Werke, Bd. XIII, Frankfurt/M. 1946 ff., S. 365.

35 Ders., Erinnern, Wiederholen, Durcharbeiten (1914), in: ders., Gesammelte Werke, Bd. X, Frankfurt/M. 1946 ff., S. 135.

36 Ders., Psychoanalytische Bemerkungen über einen autobiographisch beschriebenen Fall von Paranoia (Dementia paranoides) (1911), in: ders., Gesammelte Werke, Bd. VIII, Frankfurt/M. 1946 ff., S. 314.

37 Ders., Vorlesungen zur Einführung in die Psychoanalyse (1916-17), in: ders., Gesammelte Werke, Bd. XI, Frankfurt/M. 1946 ff., S. 465. Allerdings rückte Freud in späteren Jahren etwas von dieser Haltung ab, indem er die Möglichkeit der Übertragung für *leichtere* Formen der narzißtischen Erkrankungsformen einräumte.

38 Siehe Boyer, L. Bryce, Freuds Beitrag zur Psychotherapie der Schizophrenie, in: Psyche, 1967, S. 869-893, der umfassend informiert und auf diesen Punkt aufmerksam macht.

39 Federn, Paul, Zur Behandlung der Psychose (1933/1943), in: ders., Ichpsychologie und die Psychosen, Frankfurt/M. 1978, S. 125.

40 Fromm-Reichmann, Frieda, Probleme der Übertragung bei der Schizophrenie (1939), in: dies., Psychoanalyse und Psychotherapie, Stuttgart 1978.

41 Ebenda, S. 147. Es soll an dieser Stelle darauf hingewiesen werden, daß der Übertragungsbegriff innerhalb der Psychoanalyse keineswegs einheitlich gefaßt und durchaus – auch auf verschiedenen Ebenen – kontrovers diskutiert wird. Als Beispiel einer modernen Fassung siehe: Muck, Mario, Psychoanalytische Überlegungen zur Struktur menschlicher Beziehungen, in: Psyche, 1978, S. 211-220. Im Rahmen dieser Arbeit genügt es, folgende Bestimmung zu geben: »Übertragung bedeutet das Erleben von Gefühlen, Trieben, Haltungen, Phantasien und Abwehrmechanismen gegenüber einem Menschen in der Gegenwart, die der gegenwärtigen Beziehung zu dieser Person unangemessen sind und eine Wiederholung, eine Ver-

schiebung von Reaktionen darstellen, die von wichtigen Personen der frühen Kindheit herrühren.« Hervorzuheben ist, daß zwei Charakteristika erfüllt sein müssen: »Sie muß Vergangenes wiederholen, und sie muß der Gegenwart unangemessen sein.« Greenson, Ralph R., Das Arbeitsbündnis und die Übertragungsneurose, in: Psyche, 1966, S. 82.

42 Ietswaart, Willem L., Das Rätselhafte der Übertragung in bezug auf Übertragungsneurose, Übertragungspsychose, Übertragungsperversion – ein theoretisch-historischer Überblick, in: Zeitschrift für psychoanalytische Theorie und Praxis, Bd. V, 1991, S. 192.

43 Aichhorn, August, Verwahrloste Jugend (1925), Bern 1951, S. 119.

44 Ders., The Narcissistic Transference of the »Juvenile Impostor« (1936), in: Fleischmann, O./Kramer, P./Ross, R. (Hg.), Delinquency and Child Guidance, New York 1964, S. 184-191. Siehe auch die kurze Zusammenfassung von Freud, Anna: Obituary. A. Aichhorn, July 27, 1878 - October 17, 1949, in: International Journal of Psycho-Analysis, 1951, S. 54 f.

45 Gedo, John E., To Heinz Kohut: On His 60th Birthday, in: The Annual of Psychoanalysis, 3, 1975, S. 313-322.

46 Ebenda, S. 315.

47 Freud, Sigmund, Zur Einleitung der Behandlung (1913), in: ders., Gesammelte Werke, Bd. VIII, Frankfurt/M. 1946 ff., S. 474.

48 Ders., Aus der Geschichte einer infantilen Neurose (1918), in: ders., Gesammelte Werke, Bd. XII, Frankfurt/M. 1946 ff., S. 138.

49 Obwohl der Begriff der Gegenübertragung innerhalb der Psychoanalyse vielfältig und z.T. kontrovers differenziert wird, kann an dieser Stelle auf präzisere Ausführungen verzichtet werden. Kohut vertritt in seinem Werk keine sonderlich abweichende Auffassung von der klassischen Minimaldefinition der Gegenübertragung (vgl. Laplanche, Jean/Pontalis, J.-B., Das Vokabular der Psychoanalyse, a.a.O., S. 164f.).

50 Ich gebe im folgenden Kohuts Behandlungsbericht in gekürzter Version wieder. Die Zitate entstammen den angegebenen Seiten. Kohut hatte Fräulein F. aber schon in einer früheren Abhandlung erwähnt: 1968, Die psychoanalytische Behandlung narzißtischer Persönlichkeitsstörungen, in: ZdP 196-202.

51 Vgl. Ornstein, Paul, Introduction, a.a.O., S. 46. Kohut, Heinz, Formen und Umformungen des Narzißmus, in: ZdP; ders., Die psychoanalytische Behandlung narzißtischer Persönlichkeitsstörungen, in:

ZdP. Kohut weist darauf hin, daß er die »tautologische Bezeichnung ›narzißtisches Selbst‹ [...] jetzt durch die Bezeichnung *grandioses Selbst* ersetzt« (ZdP 203) habe. Siehe auch N 45.

52 Henseler, Heinz, Die Theorie des Narzißmus, a. a. O., S. 461.

53 Glover, Edward, Der Begriff der Dissoziation (1938/1943), in: Kutter, Peter/Roskamp, Hermann (Hg.), Psychologie des Ich, Darmstadt 1974, S. 72-90. Ich beziehe mich in meiner kurzgefaßten Darstellung auf dieses Kapitel aus Glovers umfangreicherem Buch: On the Early Development of Mind. Selected Papers on Psycho-Analysis, London 1956. Es sei hier vermerkt, daß Kohut dieser Abschnitt sehr gut bekannt war, bezieht er sich doch in seinem Literaturverzeichnis ausdrücklich auf die entsprechenden Seiten aus *The Concept of Dissociation*, N 374.

54 »Die libidinöse Besetzung der seelischen Repräsentanz der idealisierten Elternimago kann man weder ganz richtig als Narzißmus noch als Objektliebe klassifizieren«, schreibt Kohut (ZdP 143) und versucht, die triebtheoretische Problematik dort im Rahmen der Metapsychologie zu klären. Später (1971) wird er eine einfachere Antwort geben: Die idealisierte Elternimago hat den Status eines Selbstobjektes. Vgl. N 65 f.

55 Vgl. Ornstein, Paul, Introduction, a. a. O., S. 66.

56 Dieses »Jenseits des Lustprinzips« ist jedoch nicht in dem Sinne zu verstehen, wie Freud den Ausdruck verwendet, nämlich als Bezeichnung für das dem Lustprinzip vorausgehende und es erst ermöglichende Streben des psychischen Apparates nach Bindung (im Rahmen seiner Theorie des Wiederholungszwanges), sondern Kohut verwendet diesen Ausdruck als Abgrenzung der narzißtischen Pathologie vom psychischen Funktionsprinzip der strukturellen Neurosen. Seiner Meinung nach unterliegen die Fälle von Selbstpathologie nicht solchen Vorgängen wie dem Streben nach Lust oder Spannungsentladung, sondern eher dem Aufrechterhalten einer narzißtischen Homöostase, einem Streben nach Freude, Triumph etc., bzw. genereller: Bestätigung des Selbst. (Siehe auch ZdP 265 und 267)

57 Freud, Sigmund, Drei Abhandlungen zur Sexualtheorie, in: ders., Gesammelte Werke, Bd. V, Frankfurt/M. 1946 ff., S. 127.

58 Um Kohut vor Mißverständnissen zu schützen, sind ein paar Punkte zusätzlich anzumerken. Kohut weist explizit darauf hin, »daß die Beziehung zwischen psychotropen sozialen Faktoren und der Ver-

änderung in den vorherrschenden Persönlichkeitsmustern und der überwiegenden Psychopathologie, die unter ihrem Einfluß stattfindet, indirekt und komplex ist«; keinesfalls sei sie mit einem »direkten und vergleichsweise einfachen Kausalitätszusammenhang zu vergleichen« (HdS 271; hinsichtlich der Komplexität der Zusammenhänge vgl. auch Kohuts Überlegungen zur Rolle der Dienstboten in den Familien, HdS 272). Zur Problematik der Frage »Haben frühe Störungen zugenommen?« vgl. den gleichlautenden Aufsatz von Reimut Reiche, in: Psyche, 1991, S. 1045-1066.

59 Paul H. Ornstein, The Bipolar Self in the Psychoanalytic Treatment Process. Clinical-Theoretical Considerations, in: Journal of the American Psychoanalytical Association, Bd. 29, 1981, S. 353-375.

60 Christopher Bollas, Who does Self Psychology Cure?, in: Psychoanalytic Inquiry, Bd. 6, Nr. 3, 1986, S. 429-435.

61 Moore, Burness E./Fine, Bernard D. (Hg.), A Glossary of Psychoanalytic Terms and Concepts, New York 1967, S. 57. Siehe auch CoL 234 f.

62 Blanck, Gertrude/Blanck, Rubin, Angewandte Ich-Psychologie, Stuttgart 1978, S. 104.

63 James, Martin, Buchbesprechung von: The Analysis of the Self, in: International Journal of Psycho-Analysis, Bd. 54, 1973, S. 363-368. Siehe dazu auch CoL 22 und 278-286.

64 Vgl. die Literaturhinweise im Anhang unter 2 b.

65 Simenauer, Erich, Zur Problematik des Narzissismus (1960), in: Jahrbuch der Psychoanalyse, Bd. 14, Stuttgart 1982, S. 40.

66 Ebenda, S. 34.

67 Cremerius, Johannes, Kohuts Behandlungstechnik. Eine kritische Analyse, in: Psychoanalytisches Seminar Zürich (Hg.), Die neuen Narzißmustheorien, Frankfurt/M. 1981, S. 105 ff.

68 Gedo, John E., Selbstpsychologie: Eine postkohutianische Betrachtung, in: Psyche, 1991, S. 11. Gedo bezeichnet sich dort als »Kohuts frühester Anhänger« und als »der Mensch [...], der als erster seiner Sache abtrünnig wurde« (S. 1).

69 Elrod, Norman, John Gedos Auseinandersetzung mit Heinz Kohut, in: Psyche, 1988, S. 1090 f.

70 Wahl, Heribert, Narzißmus?, Stuttgart 1985, S. 184.

71 Rothschild, Berthold, Der neue Narzißmus – Theorie oder Ideologie?, in: Psychoanalytisches Seminar Zürich (Hg.), Die neuen Narzißmustheorien, Frankfurt/M. 1981, S. 43.

72 Bollas, Christopher, Who Does Self Psychology Cure?, a.a.O., S. 430f.

73 Gast, Lilli, Libido und Narzißmus. Vom Verlust des Sexuellen im psychoanalytischen Diskurs,Tübingen 1992, S. 364.

74 Ebenda, S. 367 ff.

75 Wurmser, Léon, Die zerbrochene Wirklichkeit, Berlin/Heidelberg 1989, S. 464 f.

76 Bacal, Howard/Newman, Kenneth, Objektbeziehungstheorien – Brücken zur Selbstpsychologie, Stuttgart-Bad Cannstadt 1994, S. 274.

77 Ebenda, S. 275. Zum Verhältnis von Kohuts Theorie zu den Britischen Objektbeziehungstheoretikern aus selbstpsychologischer Sicht vgl.: Brandchaft, Bernard, British Object Relations Theory and Self Psychology, in: Goldberg, Arnold (Hg.), Progress in Self Psychology, Bd. 2, New York 1986, S. 245-272.

78 Im Rahmen der Besprechung von Beiträgen seiner Schüler greift Kohut seine Stellungnahme in der *Heilung des Selbst* noch einmal auf und elaboriert seine Position hinsichtlich einer Ablehnung der Integration der Befunde von z.B. Mahler, Spitz und Winnicott. Siehe SR 473 ff.

79 Im Literaturverzeichnis des Narzißmus-Buches findet sich als einziger Winnicotts berühmter Aufsatz über Übergangsobjekte aufgeführt.

80 James, Martin, Buchbesprechung zu: The Analysis of the Self, in: International Journal of Psycho-Analysis, Bd. 54, 1973, S. 365.

81 Vgl. dazu Elrod, Norman, John Gedos Auseinandersetzung mit Heinz Kohut, a.a.O., S. 1092 f. Ausführungen zu Kohuts »Überheblichkeit«.

82 Leider kann ich im Rahmen dieser Arbeit keine ausführliche Darstellung der jeweiligen Positionen leisten, so daß zur umfassenden und präzisen Kenntnisnahme der Argumentationen der Kritiker der interessierte Leser auf die Originaltexte verwiesen wird. Auch gebe ich nur eine Auswahl aus der mittlerweile sehr angewachsenen Literatur, die sich mit Kohut auseinandersetzt, und ich verzichte auf eine chronologische Einordnung (früher, mittlerer oder später Kohut), da der Leser sich mittlerweile selbst genügend in Kohuts Werk auskennen wird.

83 Friedman, Lawrence, Kohut: A Book Review Essay, in: Psychoanalytic Quarterly, Bd. 49, 1980, S. 408

84 Eagle, Morris N., Neuere Entwicklungen in der Psychoanalyse, München/Wien 1988, S. 81.

85 Ebenda, S. 82.

86 Schwartz, Lester, Buchbesprechung, a. a. O., S. 440.

87 Treuerniet, Nikolas, On The Relation Between The Concepts Of Self And Ego In Kohut's Psychology Of The Self, in: International Journal of Psycho-Analysis, Bd. 61, 1980, S. 327.

88 Wurmser, Léon, Die zerbrochene Wirklichkeit, a. a. O., S. 471 f.

89 Ebenda, S. 473.

90 Ebenda.

91 Zit. nach: Wurmser, ebenda. Vgl. dazu auch Treuerniet, Nikolas, Psychoanalyse und Selbstpsychologie, a. a. O., S. 934, Fn.

92 Es gibt theoretische Vorstellungen hinsichtlich der narzißtischen Pathologie, die es möglich machen, diese durchaus im Zusammenhang mit der klassischen Konflikttheorie zu konzeptualisieren, und klinische Beobachtungen, die es nicht nahelegen, sie außerhalb trieb- oder konflikttheoretischer Erörterungen anzusiedeln. Siehe dazu z.B. Modell, Arnold H., Die beiden Bedeutungen des Selbst, in: Forum der Psychoanalyse, Bd. 2, 1986, S. 266 f., 271 f. Die oben genannte Differenzierung des Konfliktverständnisses ermöglicht es m.E. aber auch zugleich, der Besonderheit der narzißtischen Konflikte gerecht zu werden. Daß sich allerdings heute schon ein gemeinsamer, von triebpsychologisch und selbstpsychologisch orientierten Analytikern zu akzeptierender, theoretischer Rahmen finden ließe, scheint mir eher zweifelhaft. Dazu bedarf es wohl noch größerer Forschungs- und Begriffsarbeit auf beiden Seiten.

93 Modell, Arnold H., Die beiden Bedeutungen des Selbst, a.a.O., S. 270.

94 Ebenda, S. 268.

95 Ebenda. Modells Position ist umfangreicher und komplexer, als ich sie hier darstellen kann. Er wird hier jedoch angeführt, da er – im Gegensatz zu anderen – Vorteile in der theoretischen Strategie der Komplementarität sieht. S.E. ist Kohuts Aufteilung dennoch zu kritisieren.

96 Ebenda, S. 271.

97 Friedman, Lawrence, Kohut: A Book Review Essay, a. a. O., S. 396.

98 Holder, Alex/Dare, Christopher, Narzißmus, Selbstwertgefühl und Objektbeziehungen, in: Psyche 1982, S. 803, Fn. Holder und Dare sprechen vom Selbstobjekt »als einer verschmolzenen Repräsentanz von Selbst und Anderem«.

99 Vgl. Laplanche, Jean/Pontalis, J.-B., Das Vokabular der Psychoanalyse, a.a.O., S. 335-351, bzw. zur Vertiefung: Blanck, Gertrude/ Blanck, Rubin, Ich-Psychologie II. Psychoanalytische Entwicklungspsychologie, Stuttgart 1980. Siehe auch den instruktiven Aufsatz, die klassische Metapsychologie betreffend, von: Moser, Ulrich, Die Entwicklung der Objektbesetzung, in: Psyche, 1967, S. 97-124.

100 Dies bezieht sich auf das unbewußte Erleben als psychoanalytisches Konzept. Auf die Unterscheidungsfähigkeit im kognitiven Sinne, wie sie von den Säuglingsforschern beobachtet worden ist, und die Folgerungen aus solchen Befunden kann ich an dieser Stelle nicht eingehen. Vgl. jedoch Zuriff, Gerald E., Theoretisches Schlußfolgern und die »Neuen Psychoanalytischen Theorien über den Säugling«, in: Psyche, 1993, S. 1153-1171.

101 Greenberg, Jay R./Mitchell, Stephen A., Object Relations in Psychoanalytic Theory, a.a.O., S. 369. Bacal, Howard/Newman, Kenneth (a.a.O., S. 297) monieren ebenfalls, »daß die Selbstpsychologie jede theoretische Erwägung der Frage, wie diese Fähigkeiten [vom unreifen zum reifen Gebrauch von Selbstobjeken] sich entwickeln«, vermissen läßt.

102 Greenberg, Jay R./Mitchell, Stephen A., Object Relations in Psychoanalytic Theory, a.a.O., S. 370.

103 Perlov, Meir, Understanding Mental Objects, London/New York 1995, S. 141.

104 Ebenda, S. 182, Fn. 4. Siehe dazu auch S. 142-145.2

105 Bacal, Howard/Newmann, Kenneth, Objektbeziehungstheorien, a.a.O., S. 311.

106 Shane, Morton/Shane, Estelle, Self Psychology after Kohut: One Theory or many?, in: Journal of the American Psychoanalytic Association, Bd. 41, 1993, S. 788. Shane und Shane meinen sogar, daß Kohut das Konzept der Verzerrung »ignoriere«.

107 Ebenda, S. 786. Bacal/Newmann (Objektbeziehungstheorien, a.a.O., S. 189) weisen darauf hin, daß die vertikale Spaltung (Kohuts Konzept der Abwehr bei narzißtischen Störungen; analog zu Freuds Verleugnung konzipiert; von ihm in seinem ersten Buch eingeführt, jedoch nicht weiterentwickelt) unter ähnlichen Umständen erfolge wie Fairbairns schizoide Spaltung, »nämlich dann, wenn die eigentlichen und authentischen Äußerungen des Selbst für die Pflegepersonen nicht annehmbar sind«. In Kohuts Modell fehlen jedoch wesent-

liche Funktionen, die notwendig sind, um die Dynamik zu erfassen, weswegen sie Kohut vorwerfen, er ignoriere »eine wichtige Aktivität der inneren Struktur des Kindes, die für seine Psychopathologie eine signifikante Rolle spielt« (S. 220).

108 Loewald, Hans W., Buchbesprechung, a. a. O., S. 449. Er weist in diesem Zusammenhang auf die wichtige Freudsche Abgrenzung der Objekt-*Bindung* von der Objekt-*Beziehung* hin.

109 Gedo, John E., Selbstpsychologie: Eine postkohutianische Betrachtung, in: Psyche, 1991, S. 7. Spruiell (Three Strands of Narcissism, a. a. O., S. 585) meint ebenfalls: »Während des ersten Lebensjahres ist der erste echte ›Andere‹ – die psychologische Mutter – kaum mehr als ein differenzierter Teil des Ich. Oder, umgekehrt, das primitive Ich ist kaum mehr als ein differenzierter Teil des Objekts.«

110 Gedo, John E., Selbstpsychologie, a. a. O., S. 7.

111 Daß Kohut vorgeschlagen hat, »die Erfahrungen des ›Ich‹ mit dem ›Du‹ in zwei getrennten Bezugsrahmen zu betrachten« (WhdP 85), diente nicht gerade dazu, einer falschen Substantialisierung zweier verschiedener Objektklassen vorzubeugen.

112 Grunert, Ursula, Zur Integration von Selbstpsychologie und Psychoanalyse auf entwicklungspsychologischer Grundlage, in: Psyche, 1985, S. 709.

113 Ebenda.

114 Basch scheint der einzige unter den neueren Selbstpsychologen zu sein, der an dieser Perspektive festhält, indem er sich auf Kohut beruft. Basch, Michael Franz, It Ain't Over till It's Over, in: Psychoanalytic Dialogues, Bd. 5, 1995, S. 412. Vgl. auch Shane, Morton/Shane, Estelle, Self Psychology after Kohut, a. a. O., S. 787. Bacal (The Centrality of Selfobject Experience, in: Psychoanalyic Dialogues, Bd. 5, 1995, S. 403 f.) nimmt z. B. eine Gegenposition ein, die sich ebenfalls auf (den späteren) Kohut berufen kann.

115 Bacal, Howard A., The Essence of Kohut's Work and the Progress of Self Psychology, in: Psychoanalytic Dialogues, Bd. 5, 1995, S. 356 f.

116 Stolorow, Robert D., On Experiencing an Object: A Multidimensional Perspective, in: Goldberg, Arnold (Hg.), Progress in Self Psychology, Bd. 2, New York/London 1986, S. 274 f.

117 Wolf, Ernest S., Theorie und Praxis der psychoanalytischen Selbstpsychologie, Frankfurt/M. 1996, S. 80 f. Das »adversarial selfobject« hatte Lachmann bereits 1986 beschrieben. Vgl. Bacal, Howard A./Newman, Kenneth, Objektbeziehungstheorien, a. a. O., S. 286.

118 Bacal, Howard A./Newman, Kenneth, Objektbeziehungstheorien, a.a.O., S. 312-315.
119 Ebenda, S. 320 f.
120 Stolorow, Robert D., On Experiencing an Object, a.a.O., S. 276. Bacal bringt »bad selfobjects« in Verbindung mit der Objektbeziehungstheorie und hält diesen Ausdruck für hilfreicher als deren Ausdruck »feindseliges Introjekt«, da die innere Erfahrung eines nun in traumatischer Weise versagenden, aber ursprünglich einmal hilfreichen Selbstobjekts die sei, daß es dann als »erregendes Objekt« (Fairbairn) im Innern wirke. Bacal, Howard A., The Essence of Kohut's Work, a.a.O., S. 355 f.
121 Eisnitz, Alan J., Buchbesprechung zu: Kohut, Heinz, How Does Analysis Cure, in: Psychoanalytic Quarterly, Bd. 54, 1987, S. 541. Eisnitz spricht von »Kohuts verzerrtem Bild der traditionellen Psychoanalyse«.
122 Basch, Michael Franz, It Ain't Over till It's Over, a.a.O., S. 411. Siehe auch: Köhler, Lotte, Die amerikanische Psychoanalyse zwischen Ichpsychologie und Selbstpsychologie, in: Psyche, 1982, S. 351, wo Basch von Michels für seine Karikatur der traditionellen Theorie kritisiert wurde.
123 Bei dieser Frage, die die Herausgeber der *Psychoanalytic Dialogues* stellen, ist die Vergegenständlichungstendenz als Gefahr wieder spürbar; präziser sollte es wieder (Selbst-)Objekt*erfahrungen* heißen. Siehe dazu das der Selbstpsychologie gewidmete Heft der Psychoanalytic Dialogues, Bd. 5, 1995, S. 351-435, insbesondere jedoch die Aufsätze von Bacal (S. 406 f.) und Basch (S. 412 f.).
124 Ornstein, Anna/Ornstein, Paul, Marginal Comments on the Evolution of Self Psychology, in: Psychoanalytic Dialogues, Bd. 5, 1995, S. 421.
125 Die Herausgeber, Follow-Up Questions, in: Psychoanalytic Dialogues, Bd. 5, 1995, S. 401.
126 Friedman, Lawrence, Kohut: A Book Review Essay, a.a.O., S. 409.
127 Köhler, Lotte, Neuere Forschungsergebnisse psychoanalytischer Mutter-Kind-Beobachtungen und ihre Bedeutung für das Verständnis von Übertragung und Gegenübertragung, in: Psychoanalyse, Bd. 3, 1982, S. 249. Für detailliertere Hinweise vgl. dort: S. 238-265. Zu diesem Punkt vgl. auch: Wahl, Heribert, Narzißmus, a.a.O., S. 165-167.
128 Vgl. Bohleber, Werner, Identität und Selbst. Die Bedetung der neue-

ren Entwicklungsforschung für die psychoanalytische Theorie des Selbst, in: Psyche, 1992, S. 336-365.

129 Dornes, Martin, Der kompetente Säugling. Die präverbale Entwicklung des Menschen, Frankfurt/M. 1993, S. 161. Spezifischer, jedoch im Konjunktiv, urteilt er: »Auch narzißtische Störungen im engeren Sinn könnten auf mangelnde Kontingenzerfahrung zurückzuführen sein. Mangelnde Kontingenz kann als verhaltensmäßiges Korrelat mangelnder empathischer Responsivität betrachtet werden, die bei Kohut bekanntlich eine der Hauptursachen späterer narzißtischer Störungen ist.« (S. 240.)

130 Parens, Henri, Neuformulierungen der psychoanalytischen Aggressionstheorie und Folgerungen für die klinische Situation, in: Forum der Psychoanalyse, 1993, S. 111 und 119.

131 Vgl. z.B. Arlow, Jacob A., Methodologie und Rekonstruktion, in: Psyche, 1993, S. 1093-1115. Siehe für weitere Literatur zu dieser Debatte auch: Zuriff, Gerald E., Theoretisches Schlußfolgern und die »Neuen Psychoanalytischen Theorien über den Säugling«, a.a.O.

132 Thomä, Helmut/Kächele, Horst, Lehrbuch der psychoanalytischen Therapie, Bd. 1, Berlin/Heidelberg 1985, S. 140. Gertrude und Rubin Blanck (Angewandte Ich-Psychologie, a.a.O., S. 98-115) betonen ebenfalls den Wert von Kohuts technischen Regeln bei der Untersuchung »der schweren Leidensformen«. Die Unterschiede zu Kernbergs Ansatz werden dort auch diskutiert. Für einen kurzen Überblick über die sog. Kohut-Kernberg-Kontroverse vgl.: Volkan, Vamik D./Ast, Gabriele, Spektrum des Narzißmus, Göttingen 1994, S. 40-44. Ein sehr aufschlußreicher Artikel Gedos demonstriert die differierenden Auffassungen anhand der archaischen Übertragungen: Gedo, John E., Notes on the Psychoanalytic Management of Archaic Transferences, in: Journal of the American Psychoanalytic Association, Bd. 25, 1977, S. 787-803.

133 Morgenthaler, Fritz, Die Stellung der Perversionen in Metapsychologie und Technik, in: Psyche, 1974, S. 1077-1098.

134 Adler, Gerald/Rhine, Mark W., The Selfobject Function of Projective Identification: Curative Factors in Psychotherapy, in: Bulletin of the Menninger Clinic, Bd. 52, 1988, S. 473-491.

135 Eisnitz, Alan J., Buchbesprechung, a.a.O., S. 542.

136 Perlov, Meir, Understanding Mental Objects, a.a.O., S. 118.

137 Shane, Morton/Shane, Estelle, Pathways to Integration: Adding to

the Self Psychology Model, in: Goldberg, Arnold (Hg.), Learning from Kohut. Progress in Self Psychology, Bd. 4, Hillsdale 1988, S. 71. Die Autoren sprechen davon, daß Kohut die Selbstpsychologie von »vielen altmodischen psychoanalytischen Konzepten befreit« habe.

138 Wahl, Heribert, Narzißmus, a. a. O., S. 87.

139 Shane, Morton/Shane, Estelle, Pathways to Integration, a. a. O., S. 72. Vertreten wird eine »selektive Integration«, bei der ein »gereinigtes und modernisiertes« Strukturmodell dem selbstpsychologischen hinzuaddiert wird. Es soll aber auch erwähnt werden, daß es unter den Selbstpsychologen unterschiedliche gedankliche Modelle zu einer Integration gibt, die kontrovers diskutiert werden. Vgl. Stolorow, Robert D., Integrating Self Psychology and Classical Psychoanalysis: An Experience-Near Approach; Miller, Jule P., Kohut's Views on Integration; Leider, Robert J., Comments on »Complementarity« and the Concept of a Combined Model; alle in: Goldberg, Arnold (Hg.), Learning from Kohut, a. a. O., S. 63-88.

140 Miller, Jule P., Kohut's Views on Integration, a. a. O., S. 81.

141 Ebenda. Dies deutete sich schon in Kohuts »mittlerer Phase« an, wenn er schreibt, daß er keinen »Hehl aus meiner Überzeugung machen [möchte], daß auf lange Sicht eine Psychologie des Selbst sich nicht nur als wertvoll, sondern sogar als unentbehrlich erweisen wird, selbst was die Bereiche angeht, in denen die Psychologie der Triebe und Abwehrmechanismen heute ihre Aufgabe erfüllt« (HdS 94).

142 Treuerniet, Nikolas, Psychoanalyse und Selbstpsychologie, a. a. O., S. 939. Auch Treuerniet äußert sich anerkennend zu dem »beeindruckenden Beitrag, den Kohut zur klassischen Analyse geleistet hat«, und würdigt Kohuts »verfeinertes begriffliches Instrumentarium«; er weist jedoch den Anspruch der Suprematie entschieden zurück.

143 Die Diskussion der um eine Integration bemühten selbstpsychologischen Vertreter dreht sich hauptsächlich um die Frage der Kompatibilität zwischen klassischer Psychoanalyse und Selbstpsychologie. So hält Stolorow bspw. den Komplementaritatsgedanken für »theoretisch nicht stichhaltig«, da die beiden Theorien »auf gänzlich verschiedenen theoretischen Ebenen, die von vollkommen unterschiedlichen Diskursuniversen stammen, existieren«. Stolorow, Robert D., Integrating Self Psychology and Classical Psychoanalysis, a. a. O., S. 65. Auch wird immer wieder auf das unterschiedliche Menschen-

bild hingewiesen. Vgl. dazu Wahl, Heribert, Narzißmus, a.a.O., S. 93 ff.; und Sass, Louis A., Das Selbst und seine Schicksale. Eine »archäologische« Untersuchung der psychoanalytischen Avantgarde, in: Psyche, 1992, S. 52-90.

144 Wahl, Heribert, Narzißmus, a.a.O., S. 118.

145 Treuerniet, Nikolas, On The Relation Between The Concepts Of Self And Ego In Kohut's Psychology Of The Self, a.a.O., S. 331.

146 Ders., Psychoanalyse und Selbstpsychologie, a.a.O., S. 939.

147 Wurmser, Léon, Die zerbrochene Wirklichkeit, a.a.O., S. 435.

148 Der Titel ist durch das nur im Englischen mögliche Wortspiel doppeldeutig; neben: Kann die Psychoanalyse ihr Selbst finden?, bedeutet er auch: Kann die Psychoanalyse sich selbst finden? Meissner, William W., Can Psychoanalysis find its Self?, in: Journal of the American Psychoanalytic Association, Bd. 34, 1986, S. 379-400.

Literaturhinweise

1. Werke von Kohut

Im Text zitierte Bücher und separat erschienene Aufsätze, Artikel und Interviews (alphabetisch nach Kürzeln):

AdS — Auf der Suche nach dem Selbst. Kohuts Seminare zur Selbstpsychologie und Psychotherapie, hrsg. von Miriam Elson, München 1993. (Original 1987)

CIL — The Chicago Institute Lectures, hrsg. von Paul und Marian Tolpin, Hillsdale 1996.

CoL — The Curve of Life. Correspondence of Heinz Kohut 1923-1981, hrsg. von Geoffrey Cocks, Chicago/London 1994.

DfWzS — Vorwort zu: Jürgen vom Scheidt, Der falsche Weg zum Selbst, Frankfurt/M. 1984. (Original 1976)

DoS — The Disorders of the Self: The Psychopathology of the First Years of Life (gemeinsam mit Marian Tolpin), in: The Course of Life: Psychoanalytic Contribution Toward Understanding Personality Development, hrsg. von Stanley Greenspan/George Pollock, überarb. und erw. Aufl., Washington 1989.

DSdS — Die Störungen des Selbst und ihre Behandlung (gemeinsam mit Ernest S. Wolf), in: Psychologie des 20. Jahrhunderts. Psychiatrie, Bd. 2, Weinheim/Basel 1983, S. 97-112. (Original 1978)

HdS — Die Heilung des Selbst, Frankfurt/M. 1979. (Original 1977)

IEP — Introspektion, Empathie und Psychoanalyse. Aufsätze zur psychoanalytischen Theorie, zu Pädagogik und Forschung und zur Psychologie der Kunst, Frankfurt/M. 1977.

N — Narzißmus. Eine Theorie der psychoanalytischen Behandlung narzißtischer Persönlichkeitsstörungen, Frankfurt/M. 1973. (Original 1971)

NEF — Narzißmus, Empathie und die Fragmentierung des Selbst: Ein Gespräch mit Heinz Kohut. Von David M. Moss, in: Wege zum Menschen, 29. Jg., 1977, S. 49-68.

OCR Opening and Closing Remarks of the Moderator. Discussion of »The Self: A Contribution to its Place in Theory and Technique«, in: International Journal of Psycho-Analysis, Bd. 51, 1970, S. 175-181.

SfS The Search for the Self. Selected Writings of Heinz Kohut, Bd. 1-2: 1950-1978, hrsg. von Paul Ornstein, New York 1978; Bd. 3-4: 1978-1981, New York 1990.

SPaPM Self Psychology and the Psychoanalytic Movement: An Interview with Dr. Heinz Kohut by Douglas Kirsner, in: Psychoanalysis and Contemporary Thought, Bd. 5, 1982, S. 483-495.

SR Summarizing Reflections, in: Advances in Self Psychology, hrsg. von Arnold Goldberg, New York 1980, S. 473-554.

VGdS Vier Grundbegriffe der Selbstpsychologie, in: Psychoanalyse, 3. Jg., Heft 2-3, 1982, S. 181-205. (Original 1979)

WhdP Wie heilt die Psychoanalyse?, Frankfurt/M. 1989. (Original 1984)

ZdP Die Zukunft der Psychoanalyse. Aufsätze zu allgemeinen Themen und zur Psychologie des Selbst, Frankfurt/M. 1975.

2. Sekundärliteratur

a) Auswahl von Werken, die Kohuts Theorie darstellen oder weiterentwickeln

Bacal, Howard A./Newman, Kenneth M., Objektbeziehungspsychologie – Brücken zur Selbstpsychologie, Stuttgart-Bad Cannstadt 1994.

Elson, Miriam, Self Psychology in Clinical Social Work, New York/London 1986.

Goldberg, Arnold (Hg.), Progress in Self Psychology, Hillsdale 1984 ff. Mittlerweile sind über ein Dutzend Bände erschienen, in denen alle führenden Vertreter des Ansatzes publiziert haben.

Kutter, Peter u. a. (Hg.), Der therapeutische Prozeß. Psychoanalytische Theorie und Methode in der Sicht der Selbstpsychologie, Frankfurt/M. 1995.

Lee, Ronald R./Martin, J. Colby, Psychotherapy after Kohut. A Textbook of Self Psychology, Hillsdale/London 1991.

Milch, Wolfgang E./Hartmann, Hans-Peter, Zum gegenwärtigen Stand

der psychoanalytischen Selbstpsychologie, in: Psychotherapeut, Bd. 41, 1996, S. 1-12.
Schöttler, Christel/Kutter, Peter (Hg.), Sexualität und Aggression aus der Sicht der Selbstpsychologie, Frankfurt/M. 1992.
Siegel, Allen M., Heinz Kohut and the Psychology of the Self, London/New York 1996.
Wolf, Ernest u.a. (Hg.), Selbstpsychologie. Weiterentwicklungen nach Heinz Kohut, München/Wien 1989.
Wolf, Ernest, Theorie und Praxis der psychoanalytischen Selbstpsychologie, Frankfurt/M. 1996.

b) Auswahl kritischer Stimmen zu Kohuts Theorie

Bollas, Christopher, Who Does Self Psychology Cure?, in: Psychoanalytic Inquiry, Bd. 6, 1986, S. 429-435.
Eagle, Morris N., Neuere Entwicklungen in der Psychoanalyse, München/Wien 1988.
Eisnitz, Alan J., Buchbesprechung zu: Heinz Kohut, How Does Analysis Cure, in: Psychoanalytic Quarterly, Bd. 54, 1987, S. 536-543.
Friedman, Lawrence, Kohut, A Book Review Essay, in: Psychoanalytic Quarterly, Bd. 49, 1980, S. 393-422.
Ders., Kohut's Testament, in: Psychoanalytic Inquiry, Bd. 6, 1986, S. 321-347.
Gedo, John E., Reflections on Some Current Controversies in Psychoanalysis, in: Journal of the American Psychoanalytic Association, Bd. 28, 1980, S. 363-383.
Ders., Selbstpsychologie. Eine postkohutianische Betrachtung, in: Psyche 1991, S. 1-16.
Grunert, Ursula, Zur Integration von Selbstpsychologie und Psychoanalyse auf entwicklungspsychologischer Grundlage, in: Psyche, 1985, S. 708-737.
Killingmo, Björn, Conflict and Deficit. Implications for Technique, in: International Journal of Psycho-Analysis, Bd. 70, 1989, S. 65-79.
Psychoanalytisches Seminar Zürich (Hg.), Die neuen Narzißmustheorien, Frankfurt/M. 1981.
Reed, Gail S., Regeln klinischen Verstehens in der klassischen Psychoanalyse und in der Selbstpsychologie, in: Psyche, 1989, S. 1094-1116.
Rothstein, Arnold, Toward a Critique of the Psychology of the Self, in: Psychoanalytic Quarterly, Bd. 49, 1980, S. 432-455.

Schwartz, Lester, Buchbesprechung zu: The Restoration of the Self, in: Psychoanalytic Quarterly, Bd. 47, 1978, S. 436-443.
Stolorow, Robert D., Critical Reflections on the Theory of Self Psychology. An Inside View, in: Psychoanalytic Inquiry, Bd. 6, 1986, S. 387-402.
Treuerniet, Nikolas, On the Relation Between the Concepts of Self and Ego In Kohut's Psychology of the Self, in: International Journal of Psycho-Analysis, Bd. 61, 1980, S. 325-333.
Wahl, Heribert, Narzißmus?, Stuttgart 1985.

Zeittafel

1913 Heinz Kohut wird am 3. Mai in Wien geboren.

1932 Juni: Abitur, Döblinger Gymnasium.

1937 Im November stirbt der Vater.

1938 März: Nazi-Deutschland annektiert Österreich. Im Juni sieht Kohut Freuds Abreise nach England. November: Reichskristallnacht. Kohut beendet sein Medizinstudium.

1939 Im März verläßt Kohut Wien, um nach England zu fahren. Im September beginnt der Zweite Weltkrieg. Freud stirbt.

1940 Im Februar verläßt Kohut England, um nach Amerika zu fahren. Er kommt im März in Chicago an, die Mutter kurze Zeit später.

1941 Assistenzzeit im Krankenhaus der Universität von Chicago.

1942 Assistenz in Neurologie.

1943 Unterrichtet Neurologie.

1944 Unterrichtet Neurologie und Psychiatrie.

1945 Juli: Kohut erhält die amerikanische Staatsbürgerschaft.

1948 Kohut heiratet Betty Meyer.

1950 März: Kohuts Sohn, Thomas August, wird geboren. Oktober: Kohut schließt seine psychoanalytische Ausbildung am Institut in Chicago ab.

1957 August: Erster Besuch Wiens. November: Vortrag *Introspektion, Empathie und Psychoanalyse* auf der Feier zum 25. Geburtstag des Chicagoer Instituts für Psychoanalyse.

1963-64 Präsident der Chicagoer Psychoanalytischen Gesellschaft.

1965-73 Vizepräsident der Internationalen Psychoanalytischen Gesellschaft.

1966 *Formen und Umformungen des Narzißmus.*

1968 *Die psychoanalytische Behandlung narzißtischer Persönlichkeitsstörungen*. Sigmund-Freud-Vorlesung der Psychoanalytischen Vereiniung in New York.

1971 *Narzißmus* (engl. *The Analysis of the Self*). Oktober: Diagnose des Lymphzellenkrebses.

1972 Kohuts Mutter, Else, stirbt.

1977 *Die Heilung des Selbst*. Kohut erhält das Österreichische Ehrenkreuz für Wissenschaft und Kunst.

1978 Erste jährliche Konferenz zur Selbstpsychologie in Chicago.

1979 Januar: Herzoperation und postoperative Komplikationen. Oktober: Zweite jährliche Konferenz zur Selbstpsychologie in Los Angeles.

1980 November: Dritte Selbstpsychologie-Konferenz in Boston.

1981 Oktober: Vierte Selbstpsychologie-Konferenz in Berkeley. Kohut stirbt am 8. Oktober im Billings Hospital in Chicago. November: Sein Sohn Thomas verliest *Introspektion, Empathie und der Halbkreis der psychischen Gesundheit* bei der Feier zum fünfzigsten Geburtstag des Chicagoer Instituts für Psychoanalyse.